I0108999

می رقصم

انور شعورؔ

First Paperback Edition:	January 2017
Book Name:	Mi Ragsam
Category:	Urdu Poetry
Poet:	Anwar Shaoor
Title:	Raja Ishaq
Language:	Urdu
Publisher:	Andaaz Publications
	4616 E Jaeger Rd
	Phoenix, AZ 85050 USA
Email:	admin@andaazpublications.com
Web:	www.andaazpublications.com
Ordering Information:	available from amazon.com and
	other retail outlets

ISBN: 978-0-9885161-5-1

انتساب

شکیل عادل زادہ کے لیے

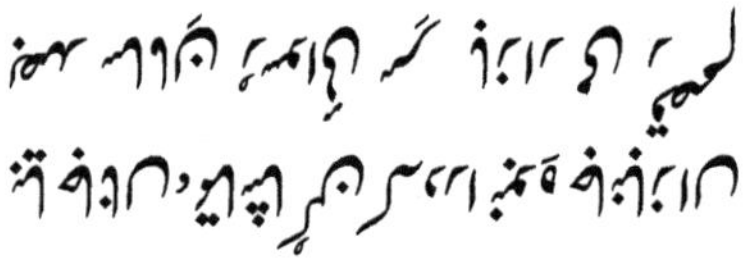

ⵍⵎⵖⵔⵉⴱ ⵏ ⵜⴰⵎⵣⵖⴰ ⴽ ⵀⵓⵏⴰ ⵀⴰⵡⴰ ⵙⵖ
ⵏⴰⴱⴰ ⴼⵏⵜ ⵜⵜⵏⵉ ⵉⵍ ⵔⵉ ⵢⵜⵓⵔ ⵊⴰ ⵏⴰⴼⵏⵔ ⵏ

فهرست

1964

چلا گیا۔

نوجوان کے جانے کے بعد میں نے غزلوں پر ایک نظر ڈالی۔ تین یا چار غزلیں تھیں، جنھیں میں نے چند لمحوں میں پڑھ لیا، لیکن اُن کا اثر دیر تک رہا۔ ایسا محسوس ہوا جیسے شاعر کے چہرے کی ساری تھکن اور آنکھوں کی ساری چمک ان غزلوں میں سمٹ آئی ہو۔ غزلوں کے یوں تو سبھی شعر اچھّے تھے، مگر ایک شعر ایسا دامن کشِ دل ہوا کہ گذشتہ بیس برسوں میں اُسے میں نے سیکڑوں مرتبہ دہرایا ہے:

بازاروں میں پھرتے پھرتے دن بھر بیت گیا
کاش ہمارا بھی گھر ہوتا، گھر جاتے ہم بھی

مزہ تو یہ ہے کہ یہ شعر زیادہ تر گھر میں بیٹھ کر یاد آتا رہا۔

پھر کچھ ایسے حالات پیدا ہوئے کہ یہ نوجوان انجمنِ ترقیٔ اُردو میں میرا رفیقِ کار بن گیا۔ صبح سے شام تک میرے ساتھ انجمن کے دفتر میں رہتا اور انجمن کے کاموں میں میرا ہاتھ بٹاتا۔ یہ معمول کئی برس تک جاری رہا۔ اِس دوران میں اُس کے شاعرانہ جوہر تو مجھ پر کھلنے ہی تھے سو کھلے، لیکن اُس کی کچھ ایسی عادتیں بھی میرے علم میں آئیں جن پر شروع شروع میں تو تعجب ہوا، لیکن بعد میں تعجب اُس وقت ہوتا جب شعورؔ اِن عادتوں کے برعکس عمل کرتا۔ پہلی بات، جو میرے علم میں آئی، یہ تھی کہ وہ بلانوش ہے۔ یہ کم عمری اور ایسا تہیّہٴ طوفاں؟ میں حیران رہ گیا۔ اِس سے زیادہ حیرت اِس بات پر ہوئی کہ رات کو دیر تک غرقِ مئے ناب رہنے کے باوجود وہ کبھی دفتر دیر سے نہیں آیا اور کبھی دفتری کاموں میں اُس نے تساہل اور تغافل کو راہ نہ دی۔ جو کام اُس کے سپرد کیا جاتا، اُسے توجّہ، شوق اور پوری دلچسپی سے انجام دیتا، کام وقت سے پہلے ختم کر دیتا اور مزید کام کا تقاضا کرتا۔ اُس کے ذوق وشوق کے پیشِ نظر میں نے بعض قلمی دیوان، خصوصاً تذکرے نقل کرنے کا کام اُس کے سپرد کر دیا۔ اِس کام سے وہ بے حد خوش ہوا۔ شعورؔ دن میں نقل تو آٹھ دس صفحے کرتا تھا، لیکن پڑھتا بلا مبالغہ سیکڑوں صفحے تھا۔ اِس طرح اُس نے اُردو کی پرانی شاعری کا ایک بڑا حصّہ پڑھ ڈالا، خصوصاً اُن شاعروں کو، جن کے دیوان کبھی شائع نہیں

وئے۔

اُسی زمانے کی بات ہے، ایک غیر ملکی کتب خانے سے خوب چند ذکا کے تذکرے
’عیار الشعرا‘‘ کا عکس منگوایا گیا۔ اُس کی نقل کا کام شعورؔ کے سپرد کیا گیا۔ بعض رفقاے
کار کا خیال تھا، چوں کہ یہ تذکرہ فارسی میں ہے اور شعورؔ نے فارسی کی تعلیم حاصل نہیں کی،
س لیے وہ اِسے صحیح طور پر نقل کرنا تو کیا، پڑھ بھی نہ سکے گا، لیکن جب چھ سَو سے زائد
صفحات کے تذکرے کی نقل شعورؔ نے مکمل کی تو میرے رفقا اُس میں ایک بھی غلطی کی
شان دہی نہ کر سکے۔

انور شعورؔ سے میرے تعلّق کی نوعیت چند دنوں تک تو دفتری رہی، پھر یہ تعلّق ذاتی
وعیت کا ہوگیا۔ میں نے اُس کے ذاتی حالات میں دل چسپی لی تو معلوم ہوا، اُس کی
ندگی نہایت روح فرسا حالات میں گزری ہے۔ والدہ کا انتقال اُس کے بچپن میں ہوگیا
تھا، نتیجتاً کم عمری ہی میں اُسے اپنا گھر چھوڑنا پڑا۔ جو وقت ملتا، اُسے وہ پڑھنے میں صَرف
کرتا، نتیجہ یہ نکلا کہ اُس نے کسی نہ کسی طرح میٹرک تک تعلیم حاصل کر لی، لیکن ساتھ ہی
ری صحبت میں پڑ کر، غم غلط کرنے کے خیال سے شراب کے دامن میں پناہ لے لی۔

ایک طرف تعلیم حاصل کرنا اور دوسری طرف کم عمری ہی میں شراب کی طرف
راغب ہونا، شعورؔ کے کردار کا عجیب و غریب تضاد ظاہر کرتا ہے۔ گویا وہ تعمیر و تخریب کی
راہ پر بہ یک وقت گام زن تھا۔ یہی وہ زمانہ تھا جب شعورؔ انجمنِ ترقیٔ اُردو سے وابستہ
ہوا۔ تنہائی اُس کا مُقدّر رہی۔ ایک تین منزلہ عمارت کی چھت پر بنی ہوئی کوٹھری میں اُس کا
قیام تھا۔ وہ رات کو کسی وقت اُس کوٹھری میں داخل ہوتا اور سو جاتا۔ اُس کوٹھری سے اُس
کا تعلق بس اِتنا تھا کہ سر چھپانے کے لیے ایک سائبان اُس کے پاس تھا۔ یہ کوٹھری ایک
مرتبہ میں نے بھی دیکھی تھی اور حیرت ہوئی تھی کہ اِس میں کس طرح کوئی رہ سکتا ہے۔ اِس
پس منظر میں وہ شعر، جو میں نے اوپر درج کیا ہے، شعورؔ کی اُس وقت کی حالت کا آئینہ
تھا۔ وہ ہر وقت گھر کے لیے ترستا تھا، مگر جو راستہ اُس نے اختیار کیا تھا، وہ عمر بھر ترستے
رہنے پر ہی ختم ہوتا تھا۔

ایک دن میں نے شعورؔ کو بہت دیر اُمّ الخبائث سے دُور رہنے کا مشورہ دیا۔ 'ناصحِ مشفق' بن کر محبت اور نرمی کے ساتھ اِس راہ پر چلنے کے نقصانات گنوائے۔ شعورؔ خاموشی سے میری بات سنتا رہا، پھر رونے لگا۔ میرے سمجھانے بجھانے کا اِتنا اثر ہوا کہ اُس نے وعدہ کر لیا کہ آئندہ شراب کو ہاتھ نہیں لگائے گا۔ میں خوش ہوا کہ چلو ایک اچھّے شاعر کو تباہی سے بچالیا، لیکن یہ میری خوش فہمی تھی۔ شعورؔ نے محض میرے 'احترام' میں وعدہ کر لیا تھا، ورنہ اُس کے معمول میں کچھ فرق نہیں آیا تھا۔ جب مجھے اِس کا علم ہوا تو میں نے اُس کے 'بچاؤ' کے لیے ایک اَور طریقہ اختیار کیا۔ ہر مہینے مَیں شعورؔ سے اُس کی تنخواہ لے لیتا اور ہر روز واجبی ضروریات کے لیے کچھ روپے دے دیتا، وہ چوں کہ مہینے کے ابتدائی دنوں میں زیادہ شغل کرتا تھا، اِس لیے میں نے اپنی دانست میں اُسے 'فضول خرچی' سے باز رکھنے کا یہ مناسب حل تلاش کیا تھا۔

مجھے یہ بھی معلوم ہوا کہ وہ روزانہ دفتر سے اُٹھ کر صدر جاتا ہے اور وہاں بعض لوگوں کے ساتھ مختلف شراب خانوں میں دیر تک رہتا ہے۔ اُن لوگوں سے اُس کے دیرینہ مراسم تھے، لہٰذا کچھ خرچ کیے بغیر بھی شعورؔ کا کام اچھّا خاصا چل جاتا تھا۔ میں نے اِس کا یہ علاج نکالا کہ دفتر سے اُٹھتے وقت اُسے ساتھ لے لیتا، پہلے اُسے اُس کے گھر چھوڑتا، پھر اپنے گھر جاتا۔

کچھ عرصے بعد مجھے معلوم ہوا کہ میرے سامنے تو شعورؔ اپنے 'کلبۂ احزاں' میں چلا جاتا ہے، لیکن تھوڑی دیر بعد صدر پہنچ جاتا ہے۔ اِس کے ساتھ ہی یہ اطّلاع بھی ملی کہ اُس نے ایک سودخور کابلی سے قرض لے رکھا ہے، اور سود در سود کے حساب سے اصل رقم میں کئی گناہ اضافہ ہو چکا ہے۔ سودخور نے جب شعورؔ کو بہت زیادہ پریشان کرنا شروع کیا تو میں نے اِس شرط پر قرض کی ادائی کا انتظام کرا دیا کہ وہ آئندہ کبھی شراب کو ہاتھ نہیں لگائے گا۔ سودخور کے تقاضوں سے نجات ملی تو شعورؔ بہت خوش ہوا اور اُس نے اپنے طور طریقوں سے مجھ پر ظاہر کیا کہ وہ اَب تائب ہو چکا ہے۔

اِس واقعے کو ابھی چند ہی روز گزرے تھے کہ ایک دن جونؔ ایلیا بڑے گھبرائے

وئے میرے پاس آئے، کہنے لگے، انور شعور کو ایک پولیس والے نے نشے کی حالت یں پکڑ رکھا ہے اور چھوڑنے کے پچاس روپے مانگ رہا ہے۔ آپ کے پاس اُس کی تنخواہ کے جو روپے رکھے ہیں، اُن میں سے پچاس روپے دے دیجیے، میرے تن بدن میں گ لگ گئی۔ پہلے تو جی میں آئی کہ کہہ دوں، اچھا ہے، جیل کی ہوا کھا آئے، مگر میں نے سوچا، خدا جانے پولیس والے اُس سے کیا سلوک کریں۔ میں نے جونؔ ایلیا کو پچاس وپے دے دیے۔

دوسرے روز شعورؔ ملا تو بے حد نادم تھا، آنکھوں میں آنسو تھے، اور لبوں پہ حرفِ عذرت۔ میں غصّے میں تھا، لہٰذا اُس کی کوئی بات نہ سنی، شعورؔ سر جھکائے خاموش میرے سامنے بیٹھا رہا، میں اپنے کام میں مصروف تھا۔ خاصی دیر خاموش رہنے کے بعد اُس نے کہا، ''اچھا، میں آخری وعدہ کرتا ہوں کہ آئندہ اِس قسم کا کوئی کام نہیں کروں گا۔''

میں غصّے میں تو تھا ہی لہٰذا سخت لہجے میں جواب دیا، ''میں بھی آخری وعدہ کرتا وں کہ آئندہ کسی معاملے میں دخل نہیں دوں گا۔ جو جی میں آئے، کیجیے۔ آپ پییں گے تو مجھے کوئی نقصان نہیں پہنچے گا، اور نہ پییں گے تو مجھے کوئی فائدہ نہیں ہوگا، لہٰذا آج سے اِس موضوع پر گفتگو ختم۔''

یہ سن کر شعورؔ کا چہرہ خوشی سے چمک اُٹھا، کہنے لگا، ''آپ نے آج مجھ پر بڑا حسان کیا ہے۔ مجھے ایک مستقل عذاب سے نجات دلا دی ہے۔ میں آپ کے احترام یں ہر مرتبہ جھوٹا وعدہ کر لیتا تھا۔ آپ نے آئندہ کے لیے مجھے جھوٹ بولنے سے بچا یا۔''

اُس کے بعد میں نے کبھی شعورؔ کی بلانوشی میں دخل نہیں دیا۔ پہلے تو وہ کبھی نشے کی الت میں میرے سامنے نہ آتا تھا، لیکن اَب اِس کا خیال نہیں کرتا۔ دفتری اوقات کے عد نشے کی حالت میں میرے گھر آجاتا اور آتے ہی پہلی بات یہ کہتا، ''خدا کی قسم، آج آخری مرتبہ پی ہے۔'' میں ہنس دیتا اور وہ رونے لگتا۔ شاید رو کر وہ اپنے دل کا بوجھ ہلکا کرتا تھا... اَب تو انور شعورؔ سے اِس عالم میں ملے ایک مدّت گزر چکی ہے۔ معلوم نہیں،

شعورؔ مزاج کا دھیما ہے، بڑی نرمی سے گفتگو کرتا ہے، حالاں کہ یوسف زئی پٹھان ہونے کی بنا پر اُسے حق حاصل ہے کہ اپنی گفتگو میں شان و شکوہ پیدا کرے۔ یہ نرم گفتاری اور نرم خوئی اُسے اپنی مرحومہ والدہ کی طرف سے ملی ہے۔ اپنے مزاج کی اِس خصوصیت کی بنا پر وہ بہت جلد دوسروں کے دل میں اُتر جاتا ہے۔ جو بھی ایک مرتبہ اُس سے مل لیتا ہے، اُس کا ہو جاتا ہے۔

اَب کیا حال ہے، یہ تو مجھے معلوم نہیں، لیکن ایک زمانے میں وہ لڑکیوں میں بڑا مقبول تھا۔ ہر ہفتے نہیں تو ہر مہینے ضرور اُس کے پاس ایک نیا چہرہ دیکھنے میں آتا تھا۔ ملنے اور بچھڑنے کا یہ سلسلہ ایک عرصے تک جاری رہا۔ اِس سلسلے میں شعورؔ سے میں نے کبھی کوئی بات تو نہیں کی، لیکن میرا اندازہ ہے کہ اُس کی شاعری کی وجہ سے لڑکیاں اُس کے قریب آتی تھیں اور اُس کی 'حرکات' کی وجہ سے جلد ہی دُور ہو جاتی تھیں۔ اِس صورتِ حال سے اُس نے سمجھوتا کر لیا تھا۔ جب وہ کسی نئی لڑکی سے ملتا تو بے حد خوش ہوتا اور جب وہ کنارہ کش ہو جاتی تو کوئی افسوس نہ کرتا۔ وہ کنارہ کشی کو بے مروّتی سے تعبیر کر کے اپنے آپ کو مطمئن کر لیتا۔ جب کوئی نیا سلسلہ شروع ہوتا تو اُس کی ذمّے داری کسی سابقہ بے مروّت پر ڈال دیتا۔

تو کیا اُس بے مروّت کے لیے میں
قیامت تک تہی آغوش رہتا؟

اور پھر ایسا ہوا کہ شعورؔ کی شادی ہوگئی۔ سب قریبی جاننے والوں کا خیال تھا کہ نئی زندگی کا آغاز پرانی عادتوں کا حرفِ آخر ہوگا، لیکن یہ خیال غلط ثابت ہوا۔ شعورؔ کی زندگی اور شاعری دونوں میں حرفِ آخر کا سوال ہی پیدا نہیں ہوتا۔ ہر لمحے حرفِ تازہ کی تلاش ہی سب کچھ ہے، شادی سے صرف اتنا ہوا کہ شاعری کے ساتھ ایک اور مستقل مصروفیت پیدا ہوگئی۔ شاعری زندہ رہنے کا سبب تھی اور شادی زندہ رہنے کا ثبوت۔

یہاں تک لکھنے کے بعد میں نے سابقہ سطور پر نظر ڈالی تو احساس ہوا کہ یہ سب کچھ دیباچہ نگاری کے آداب کے خلاف ہے۔ مجھے ایسی باتیں نہیں لکھنی چاہئیں جن سے

صاحبِ کتاب کی عزّت خطرے میں پڑنے کا امکان ہو اور پھر میں نے اب تک انور شعورؔ کی شاعری کے بارے میں تو کچھ لکھا ہی نہیں۔

میرا خیال ہے کہ شعورؔ کی کتاب کسی روایتی دیباچے کا بوجھ نہیں اُٹھا سکتی۔ جب تک یہ معلوم نہ ہو کہ شاعر کی زندگی کس طرح گزری ہے اور کن نشیب و فراز سے ہو کر لمحۂ موجود تک پہنچی ہے، اُس وقت تک یہ بھی معلوم نہیں ہوسکتا کہ اُس کی غزل عام اُردو غزل سے اِتنی مختلف اور منفرد کیوں ہے۔

شعورؔ کی شاعری کے بارے میں مَیں نے اِس لیے کچھ نہیں کہا کہ اِس شاعری کو کسی دیباچے یا تعارف کی ضرورت نہیں ہے، ہاں اِتنا ضرور عرض کروں گا کہ شعورؔ کی غزل کے لیے میں نے 'مختلف اور منفرد' کے جو الفاظ استعمال کیے ہیں، اِنھیں روایتی توصیف نہ سمجھا جائے، اِس سے میری مراد یہ ہے کہ اب تک اُردو میں غزل کے جتنے سانچے اور جتنے اسالیب ملتے ہیں، شعورؔ کی غزل اُن سب سے الگ ہے، اِس کی ایک اپنی فضا ہے، ایک اپنا مزاج ہے، یہاں تک کہ ذخیرۂ الفاظ بھی مروّجہ غزل کے ذخیرۂ الفاظ سے بڑی حد تک مختلف ہے، لیکن اِس کا یہ مطلب نہیں کہ شعورؔ کی غزل ہماری شعری روایات سے یک سر انحراف کی مثال ہے۔ اپنی شعری روایات سے جتنی واقفیت شعور کو ہے، اُتنی کم شاعروں کو ہوگی، لیکن شعورؔ نے بنے بنائے سانچوں پر انحصار نہیں کیا، اپنی شعری روایات سے استفادہ کرتے ہوئے ایک الگ راہ نکالی ہے اور ایک الگ لہجے کی تشکیل کی ہے، جس سے نئی غزل کی وسعتوں اور امکانات کا اندازہ ہوتا ہے۔ تفصیل میں مَیں اِس لیے نہیں جاؤں گا کہ کلام آپ کے سامنے ہے، جسے پڑھ کر آپ خود اِس نتیجے پر پہنچیں گے کہ کسی دیباچہ نگار کو قاری اور شاعر کے درمیان حائل ہونے کی ضرورت نہیں۔

❁

بے سیاق و سباق ہوتا ہے
عشق ایک اتّفاق ہوتا ہے

خسروی دائمی نہیں ہوتی
عارضی طمطراق ہوتا ہے

دوستوں سے بھلا شکایت کیا
دوستوں میں نفاق ہوتا ہے

اُس کی جانب بڑھا نہیں جاتا
اِس قدر اشتیاق ہوتا ہے

دل کسی شمع کے بغیر شعورؔ
ایک ویران طاق ہوتا ہے

❋

چاہتا ہوں اُسے بولتے دیکھنا
اور کانوں میں رَس گھولتے دیکھنا

جب کبھی دیکھنا تم قفس میں ہمیں
بے قراری سے پَر تولتے دیکھنا

زندگی کو سدا زلفِ شام و سحر
باندھتے دیکھنا، کھولتے دیکھنا

خوشہ چینوں کو یہ اشک ہائے سخن
موتیوں کی طرح رولتے دیکھنا

جب بھی سینے میں دل دیکھنا اے شعورؔ
ناؤ گرداب میں ڈولتے دیکھنا

ہم اور آپ من کے چمن تک پہنچ گئے
پردیس میں پڑے تھے، وطن تک پہنچ گئے

غُربت کے دن گزار کے باخیرو عافیت
بھٹکے ہوئے غزال ختن تک پہنچ گئے

عشق و ہَوَس میں ہوگئی آخر مفاہمت
دل کے معاملات بدن تک پہنچ گئے

چُسکی لگائی آکے پرندوں نے جھیل پر
اور اُڑتے اُڑتے نیل گگن تک پہنچ گئے

اب شعر تک رسائی کا امکان ہے شعورؔ
ہم علم تک پہنچ گئے، فن تک پہنچ گئے

وہ رُخ، وہ رنگ ورق در ورق نہیں ملتا
تو باغ میں کوئی نظم و نسق نہیں ملتا

کسی بھی وقت اُنھیں دیکھ لیجیے جا کر
کب اُن کے چہرے پہ نورِ شفق نہیں ملتا

دل ایک بار سمجھ لے نِکات اُلفت کے
تو پھر اُسے کوئی مضمون ادق نہیں ملتا

کہیں سے نامۂ اعمال کھول لو میرا
کہاں سے کوئی نہ کوئی سبق نہیں ملتا

بھلا نشاط کا ہوتا نہیں کسے ارمان
جواب میں کسے رنج و قلق نہیں ملتا

شعورؔ جانوروں کی ضرورتیں چھوڑو
یہاں تو آدمیوں کو بھی حق نہیں ملتا

دل فریبی فضا میں کیا کیا ہے
دیکھ، ارض و سما میں کیا کیا ہے

کیا بتاؤں زبان سے آخر
کہ دلِ مبتلا میں کیا کیا ہے

سانس لینا بھی ہے یہاں دشوار
جانے شامل ہَوا میں کیا کیا ہے

بُعد و بیگانگی و بیزاری
آشنا آشنا میں کیا کیا ہے

میکدے میں بتا رہے تھے شیخ
لُطف زہد و صفا میں کیا کیا ہے

چھوڑیے مغربی بہشتوں کو
اے شعورؔ ایشیا میں کیا کیا ہے

تمھارے زہر میں بھی آئے گا سُرور اُسے
پیے گا مَے کی طرح شوق سے شعورؔ اُسے

غنودگی میں مرا دل بہشت جاتا ہے
بہشت میں نظر آتی ہے کوئی حُور اُسے

زبان سے کبھی اظہارِ مدّعا نہ کیا
ہم اپنی شکل دکھاتے رہے ضرور اُسے

وہ دوسروں سے زیادہ قبول صورت ہے
اِس اتّفاق پہ کیسے نہ ہو غرور اُسے

جو مشتِ خاک کی مجبوریاں سمجھتا ہو
ہر آدمی نظر آتا ہے بے قصور اُسے

تمام رات کا جاگا ہوا تھا آج شعورؔ
سحر کے وقت بُلاتے رہے طیور اُسے

رہی رات اُن سے ملاقات کم
مدارات خاصی ہوئی، بات کم

تری یاد اِتنا بڑا کام ہے
کہ معلوم ہوتے ہیں دن رات کم

کہیں دل بہلتا نہیں شہر میں
نہ بازار کم ہیں نہ باغات کم

محبت میں ہوتی ہیں، انسان کو
شکستیں زیادہ، فتوحات کم

سنبھالے ہوئے ہے یہ شعبہ بھی دل
اب آنکھوں سے ہوتی ہے برسات کم

دماغوں کی پرواز معلوم ہے
سوالات وافر، جوابات کم

بہت سوں سے اچّھا ہوں پھر بھی شعورؔ
دگرگوں نہیں میرے حالات کم

ہم جنھیں دوستوں میں گنتے ہیں
وہ ہمیں دوسروں میں گنتے ہیں

ہم غمِ روزگار کو اپنے
مستقل ساتھیوں میں گنتے ہیں

سُکھ تمھارے بغیر آئیں تو
ہم اُنھیں بھی دُکھوں میں گنتے ہیں

دیکھتے ہیں ہمیں تو بدقسمت
خود کو خوش قسمتوں میں گنتے ہیں

کیسے دن کٹ رہے ہیں، مت پوچھو
لوگ پَل پَل گھروں میں گنتے ہیں

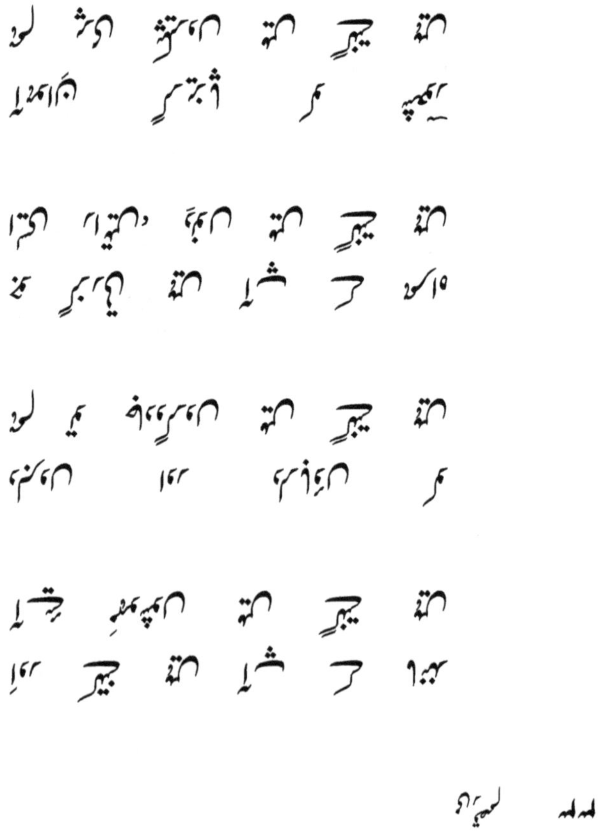

وہ شخص اِک نام ہو کے رہ گیا ہے
خیالِ خام ہو کے رہ گیا ہے

مری روداد کا عنوان ہی اب
غم و آلام ہو کے رہ گیا ہے

فراہم ہوگئی ہے جب صبوحی
مرا دن شام ہو کے رہ گیا ہے

نگاہِ ناز! اِتنا بے اثر کیوں
ترا پیغام ہو کے رہ گیا ہے

محبت کی وضاحت ہے ضروری
بڑا ابہام ہو کے رہ گیا ہے

مرا دل نامہ و دلدار نامہ
صلائے عام ہو کے رہ گیا ہے

اُترتی ہی نہیں گندم کی مستی
یہ دانہ دام ہو کے رہ گیا ہے

ہمیں آغاز سے خدشہ تھا جس کا
وہی انجام ہو کے رہ گیا ہے

شعورؔ اب آپ پر اپنا تخلّص
کوئی الزام ہو کے رہ گیا ہے

لوگ سنتے ہیں، بھول جاتے ہیں
اچّھی باتیں فضول ہوں گویا

بے اصولی ہمیں پسند نہیں
خود بڑے بااصول ہوں گویا

یوں خفا ہیں وہ میرے شعروں پر
وہی شانِ نزول ہوں گویا

اُٹھتے ہیں اور بیٹھ جاتے ہیں
ہم ترے در کی دھول ہوں گویا

یاد ہیں یوں محبتیں اپنی
نوجوانی کی بھول ہوں گویا

دیکھو صورت شعورؔ صاحب کی
انتہائی ملول ہوں گویا

قطرہ دریا میں، ذرّہ صحرا میں
حَرَکت کر رہا ہے دُنیا میں

لال، نیلے، ہرے، سفید اُودے
پھول ہیں وادیٔ تمنّا میں

رنگ کہیے کہ روشنی کہیے
کیا نہیں اُن کے رُوئے زیبا میں

ہم یہاں کے بجائے رہتے ہیں
ماہ میں، مشتری میں، زہرہ میں

مارتا ہے وہی جِلاتا ہے
فرق کیا قاتل و مسیحا میں

مِل گیا ناقدین کو موقع
غلَطی ہو گئی تھی املا میں

ایک انداز جوگیوں جیسا
ہم نے دیکھا ہے ابنِ انشؔا میں

آپ کے ہم پیالہ دوست شعورؔ
خود کو تھامیں کہ آپ کو تھامیں

کسی بھی طرف سے کسی بھی طرف
کوئی راہداری نہیں جا رہی

کھڑی ہے دوراہے پہ عمرِ رواں
کہیں یہ سواری نہیں جا رہی

شراب اور ہم مشربوں کے بغیر؟
گلے سے اُتاری نہیں جا رہی

جگر میں کہاں بوند باقی شعورؔ
مگر اشکباری نہیں جا رہی

✻

اُس بے وفا سے دادِ وفا مل گئی ہمیں
ہم نے بُرائی کی تھی، سزا مل گئی ہمیں

اب دردِ سر کی خیر ہو، دردِ جگر کی خیر
یہ زہر مل گیا کہ دوا مل گئی ہمیں

جو چیز بھی خدا سے طلب کی ضرورتاً
وہ مل گئی ہمیں، بخدا مل گئی ہمیں

گیسوئے شب کھلے تو ہمیں نیند آگئی
سو کر اُٹھے تو بادِ صبا مل گئی ہمیں

اُڑنے لگا دماغ ہَواؤں میں دفعتاً
خوشبو جو اُس پری کی ذرا مل گئی ہمیں

تدبیر آزمائی، توکّل کیا مگر
جس شے کی آرزو تھی وہ کیا مل گئی ہمیں

ایمان تازہ ہوگیا الہام و کشف پر
کل اے شعورؔ، بانگِ درا مل گئی ہمیں

ہونے کے باوجود کہاں بات ہوتی ہے
اُن سے مشاعروں میں ملاقات ہوتی ہے

پہلے ہم آنسوؤں میں نہاتے تھے اور اب
ہوتی بھی ہے تو نام کی برسات ہوتی ہے

بیٹھے ترستے رہتے ہیں ایک ایک چیز کو
مت پوچھ کس طرح گزر اوقات ہوتی ہے

خود سے مقابلے کا ارادہ ہے، دیکھیے
اب جیت ہوتی ہے کہ ہمیں مات ہوتی ہے

خوابوں کا کوئی وقت مقرر نہیں شعورؔ
ہوتا ہے دن خراب، کبھی رات ہوتی ہے

ܡܢ ܝܘ ܠܝܠܝ ܕ ܐܒ ܟ ܩܛ ܟ ܠܪ

ܡܢ ܕ ܠܐ ܪܐ ܟܕܘܠ ܟܠ ܚܣܪܐ ܠܕ

ܡܢ ܝܘ ܠܝܠܝ ܕ ܐܢܚܬ ܟܕܡ ܂ ܪ

ܠܕ ܣܢܝ ܩܙܘ ܟܐ ܂ ܗܙܢ ܩܛܠ

ܡܢ ܝܘ ܠܝܠܝ ܕܘܠܟ ܝܐܢ ܟܕܩ ܩ ܂ ܟ

ܩܦ ܐܐ ܠܩܒ ܪ ܚܟܘ ܩ ܣ ܗܩ

ܡܢ ܝܘ ܠܝܠܝ ܕ ܠܐ ܪ ܕ ܪ ܪ ܝ ܝ

ܣܝ ܕ ܐܐ ܠܩܒ ܕ ܠܐ ܙ ܪ ܠܪ

ܡܢ ܝܘ ܠܝܠܝ ܕ ܐܢܗ ܠܕ ܣܒܪ ܂ ܪ ܪ

ܡܢ ܝܘ ܠܝܠܝ ܕ ܩܪ ܟ ܫܠ ܒܠܐ ܠܪ

✳

جو لوگ آتے ہیں ملنے ترے حوالے سے
نئے تو ہوتے ہیں، اَن جانے تھوڑی ہوتے ہیں

اِسی زمیں کے غزالوں سے ہوتے ہیں آباد
دلوں کے دشت پری خانے تھوڑی ہوتے ہیں

ہمیشہ ہاتھ میں رہتے ہیں پھول اُن کے لیے
کسی کو بھیج کے منگوانے تھوڑی ہوتے ہیں

مزاج پوچھتے ہیں کس تپاک سے ہر بار
اگرچہ وہ ہمیں پہچانے تھوڑی ہوتے ہیں

آتا ہے کوئی کوئی، بلاتا ہے کوئی کوئی
اِتنے تعلّقات بڑھاتا ہے کوئی کوئی

ہوتے ہیں دل فریب سبھی خوب رُو مگر
تیری طرح حواس پہ چھاتا ہے کوئی کوئی

جام و سبو سے کون پلاتا نہیں بھلا
پیمانۂ نظر سے پلاتا ہے کوئی کوئی

آتے ہیں بے شمار مہینے بہار کے
صحنِ چمن میں پھول کھلاتا ہے کوئی کوئی

ہر شخص دیکھتا ہے مگر بولتا نہیں
احساس کو زبان بناتا ہے کوئی کوئی

دوچار دن ہر ایک نبھاتا ہے اے شعورؔ
لیکن تمام عمر نبھاتا ہے کوئی کوئی

زندگی کی ندی سراب نہیں
واقعے واقعے ہیں، خواب نہیں

لمحہ لمحہ ہے انقلاب انگیز
اور آثارِ انقلاب نہیں

شر بھی ناکام، خیر بھی ناکام
آج تک کوئی کامیاب نہیں

ہے بُرا جھوٹ بولنا خود سے
اور سچ بولنے کی تاب نہیں

مستقل اضطراب رہتا ہے
گو کوئی وجہِ اضطراب نہیں

لال ہو یا سفید، لے آؤ
کیف مطلوب ہے، شراب نہیں

تھی جوانی تو مختصر لیکن
لغزشوں کا کوئی حساب نہیں

بے جھجک، بے دریغ، ہاں کہیے
ہے اگر آپ کا جواب، نہیں

نیکیوں سے سکون ملتا ہے
کم یہ انعام، یہ ثواب نہیں

ہائے تیرا صحیفۂ صورت
اِس سے عمدہ کوئی کتاب نہیں

مت لُٹایا کرو کمائی شعورؔ
تم قلم کار ہو، نواب نہیں

کون و مکاں کے آئینہ خانوں کے درمیان
دل کا جہان بھی ہے جہانوں کے درمیان

ہم فکر و ہم خیال بناتا ہے دردِ دل
کتنے ہی فاصلے ہوں زبانوں کے درمیان

ہم اپنی اپنی زندگیٔ مختصر کے ساتھ
زندہ ہیں لازوال زمانوں کے درمیان

دیکھا نہیں نگینہ کوئی دل سے قیمتی
گزری ہے ایک عمر خزانوں کے درمیان

سچ کیا ہے، کیا نہیں ہے، ابھی اس سوال پر
جاری ہے بحث فلسفہ دانوں کے درمیان

اچّھی گزر رہی ہے مری عمر آپ کے
وعدوں کے درمیان، بہانوں کے درمیان

ہم عمر دوستوں میں ہم ایسے ہیں اے شعورؔ
گویا کوئی بزرگ جوانوں کے درمیان

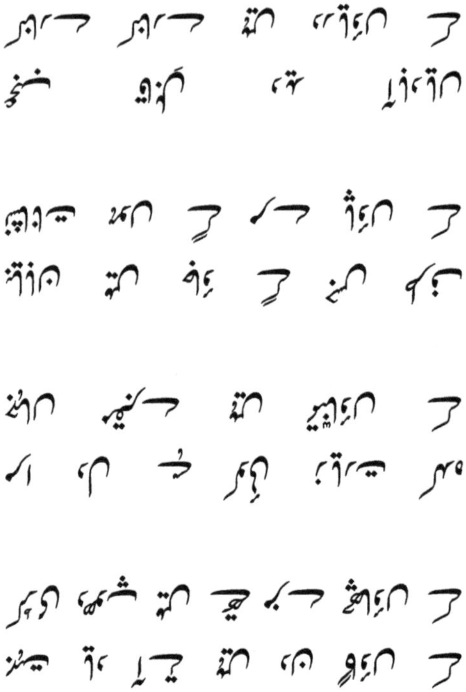

محبت میں ہم نے کیے ہیں سفر
بہت سی پُراسرار دُنیاؤں کے

گئی دل کے صحرا کی جانب نگاہ
تو محمل نظر آئے لیلاؤں کے

نہ رو اپنی محرومیوں پر شعورؔ
یہ سب کھیل ہوتے ہیں ریکھاؤں کے

لگتا ہے مَیکدے میں دربارِ عام اپنا
جیسی بھی ہو میسّر پینا ہے کام اپنا

مے نوش مر رہے ہیں روز اِس قدر کہ ہم بھی
ہر صبح ڈھونڈتے ہیں خبروں میں نام اپنا

اچّھا ہے دن گزاریں پھولوں کی طرح ہنس کر
اِس باغ میں رہے گا کب تک قیام اپنا

بس اول فول بکنا آتا ہے میکشوں کو
کونے میں آگئے ہیں ہم لے کے جام اپنا

ممکن تھے جو حوادث، وہ پیش آچکے ہیں
افسانہ چاہتا ہے اب اختتام اپنا

اپنے لیے غلامی کرتا ہے دوسروں کی
ہوتا ہے درحقیقت انساں غلام اپنا

آسودگی کے حق میں ہے زہر نصف نوشی
اُٹھنا شعورؔ پی کر کوٹا تمام اپنا

بیٹھے رہے خموش، عنادل میں آئے تھے
ہم بے زبان بھی تری محفل میں آئے تھے

رہتا ہے اُس گلی میں پہنچ کر کہاں خیال
خوش آئے تھے کہ ہم کسی مشکل میں آئے تھے

کچھ واقعے ہوئے تھے اچانک ہمارے ساتھ
کچھ حادثات پیش مراحل میں آئے تھے

ہم نے تڑپ تڑپ کے گزارے تھے ماہ و سال
تب جا کے انبساط کی منزل میں آئے تھے

ہم عرض کرسکے نہ شعورؔ اپنا مسئلہ
اُلجھے ہوئے وہ اتنے مسائل میں آئے تھے

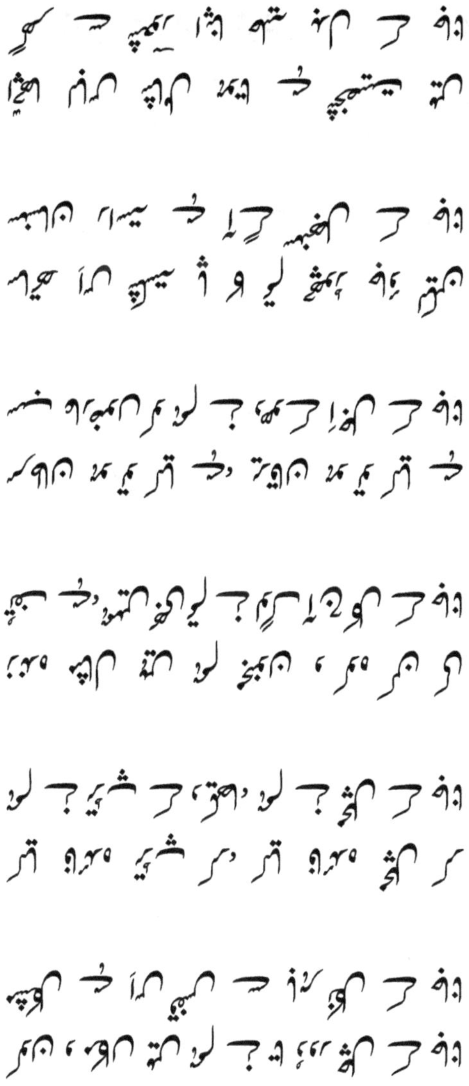

دُنیاؤں کا ہے سلسلۂ لامتناہی
آخر یہ کہیں جاکے رُکے گا بھی الٰہی

اکثر یہی دیکھا ہے رہِ عشق میں ہم نے
دو چار قدم چل کے کھڑے ہوگئے راہی

خورشید نکلنے کے تو آثار نہیں ہیں
اے کاش چلی آئے اِدھر بادِ صبا ہی

شاہانہ بھی کٹتی ہے، فقیرانہ بھی لیکن
ناچیز کو زیبا نہ فقیری ہے نہ شاہی

دن رات کسی حسرت و افسوس میں گزرے
خود ایک سزا ہو گئی ناکردہ گناہی

قلعے بھی ہمیشہ نہیں رہتے تہہِ افلاک
بام و در و دیوار کی تقدیر تباہی

کرتے رہے برداشت مروّت میں ہمیں وہ
ہم نے بھی شعورؔ اُن سے اِسی طور نباہی

شہر میں آج کل کہاں بادہ
اور ہم ہیں اُسی کے دل دادہ

رہتی ہے کشمکش سی دونوں میں
ذہن پُرکار اور دل سادہ

بولنا چاہتے ہیں سچ لیکن
ہم نہیں خودکشی پہ آمادہ

ابتدا کارواں کے ساتھ ہوئی
اور پھر ہوگیا الگ جادہ

اے شعورؔ اپنے آپ کو آخر
کیا سمجھتا ہے آدمی زادہ

جہاں میں صورتیں کم کم ہیں، تصویریں زیادہ ہیں
کتابیں چند ہوں گی، اُن کی تفسیریں زیادہ ہیں

نہ جانے اختیار و جبر کے مابین انساں پر
اثر انداز تدبیریں کہ تقدیریں زیادہ ہیں

غلط کاری کا سدِّباب ہونا چاہیے لیکن
یہ تنبیہیں، یہ تحدیدیں، یہ تعزیریں زیادہ ہیں

تری دُنیا، مری دُنیا کی ضد معلوم ہوتی ہے
کہ اِس میں خواب کم ہیں اور تعبیریں زیادہ ہیں

ہمیں نو واردوں کی رہبری کا حق پہنچتا ہے
ہمارے پاؤں میں دوچار زنجیریں زیادہ ہیں

شعورؔ آدھی صدی کی عمر کا یہ گوشوارہ ہے
نہ تحریریں زیادہ ہیں، نہ تقریریں زیادہ ہیں

بھلا کب تک یہ مجبوری رہے گی
کہ اپنے درمیاں دُوری رہے گی

کبھی تم آؤ گے بھی یا ہمیشہ
یہ محرومی، یہ مہجوری رہے گی

مجھے بھی کوئی بہکاوا رہے گا
تمھیں بھی کوئی معذوری رہے گی

یہی مصروفیت ہوگی دنوں میں
یہی راتوں کی مزدوری رہے گی

تمھارا راستہ تکتا رہوں گا
اِسی خدمت پہ ماموری رہے گی

نہ جانے چاند کس جانب سے نکلے
توجّہ ہر طرف پوری رہے گی

شعورؔ آنکھوں کی قندیلیں بجھالو
نہ بے رنگی، نہ بے نوری رہے گی

کوئی پاس ہو تو ہماری ہے دُنیا
وہی دُور ہو تو ہماری نہیں ہے

ہمیں ناز ہے اپنی گمراہیوں پر
ندامت نہیں، شرمساری نہیں ہے

جو ہم سوچتے ہیں، وہی بولتے ہیں
کسی قسم کی رازداری نہیں ہے

نہیں اختیار آج بھی دل پہ تاہم
وہ پہلی سی بے اختیاری نہیں ہے

یہیں بیٹھے بیٹھے اُنھیں یاد کرلو
شعورؔ آج کوئی سواری نہیں ہے

کیسے کُھلے زباں کسی اُمید کے بغیر
افسانہ کیا شروع ہو، تمہید کے بغیر

خود کو سُدھارنے کا ارادہ تو ہے مگر
مشکل ہے یہ عمل تری تائید کے بغیر

تُو رُونما نہ ہو تو بصارت سے فائدہ
بیکار ہے یہ چیز تری دید کے بغیر

میری زمین سُنبل و گُل کے بغیر ہے
اور آسمان ہے مَہ و خورشید کے بغیر

جاتے ہیں کوہ و دشت کو دیوانے خود بہ خود
فرہاد اور قیس کی تقلید کے بغیر

اب موسمِ بہار نہ آئے گا لَوٹ کر
اُن سے تعلّقات کی تجدید کے بغیر

لیتے نہیں وہ نام ہمارا کبھی شعورؔ
تنقیص و نکتہ چینی و تنقید کے بغیر

سفر تمام کرے دن تو رات ہوتی ہے
کسی کی موت، کسی کی حیات ہوتی ہے

زبان سے وہ کوئی اور بات کرتے ہیں
مگر مراد کوئی اور بات ہوتی ہے

متاعِ جاں کی حفاظت نہ کیوں کرے ذی روح
یہی غریب کی کُل کائنات ہوتی ہے

جو شخص تم نہیں ہوتا، وہ آپ ہوتا ہے
جو چیز چھ نہیں ہوتی، وہ سات ہوتی ہے

وفا ہو، پیار ہو، ایثار ہو، مروّت ہو
اِنھی صفات سے تشکیلِ ذات ہوتی ہے

میں جی رہا ہوں کسی اور زندگی کے لیے
یہ زندگی تو بڑی بے ثبات ہوتی ہے

وہ ہاتھ تھامتے ہیں اور چھوڑ دیتے ہیں
گھڑی میں قید، گھڑی میں نجات ہوتی ہے

بہت ہوئے ہیں محبت کے تجربے لیکن
ہمیشہ کوئی نئی واردات ہوتی ہے

شعور کل کی کسی کو خبر نہیں ہوتی
حیات سلسلۂ حادثات ہوتی ہے

نشے میں وہ حسابِ دوستاں در دل نہیں رکھتے
صراحی کی جنابِ شیخ نے خالی تو بھروادی

محبّت کی ہمارے پاس کیا کیا یاد گاریں تھیں
مگر ایک ایک شے بے احتیاطی نے بکھروادی

شعورؔ اب ہم تمھارا مشورہ ہرگز نہ مانیں گے
کبھی یہ شرط ہروادی، کبھی وہ شرط ہروادی

تم، اور دل کے ناز اُٹھاؤ گے! جانے دو
آنسو بہا رہا ہے تو آنسو بہانے دو

پینے کے بعد ہوش میں رہنا حرام ہے
سر گھومنے دو اور قدم ڈگمگانے دو

بیدار بھی ہیں وصل میں ہم سوئے سوئے بھی
آئے ہیں ایک ساتھ سُہانے زمانے دو

سرشاری و سرور میں ڈوبا ہوا ہے دل
آنکھیں ہیں اُس غزال کی یا بادہ خانے دو

میری زبان بند کراتے ہو کیوں بھلا
اِس عندلیب کو چمنستاں میں گانے دو

بوتل رکھی ہوئی ہے، کہیں جا نہیں رہی
آرام سے پئیں گے ذرا شام آنے دو

تم اپنی سرگزشت سُناتے رہو شعورؔ
جو مسکرا رہے ہیں، اُنھیں مسکرانے دو

بَلا ہوگئے تھے وہ آنے کے بعد
مگر یاد آتے ہیں جانے کے بعد

یہاں آمدورفت رکتی نہیں
نیا آرہا ہے پُرانے کے بعد

مری آپ بیتی کے صفحات میں
فسانہ پڑھو گے فسانے کے بعد

ہم اِس باغِ دنیا میں چاروں طرف
پریشاں رہے آشیانے کے بعد

تماشائی تھے، سننے والے نہ تھے
مَیں چپ ہو گیا گنگنانے کے بعد

کسی شخص کا دل دُکھاؤ گے تم
تو پچھتاؤ گے دل دُکھانے کے بعد

جو کہہ کر گئے تھے کہ کل آئیں گے
وہ کل آگئے اِک زمانے کے بعد

عجب فرق ہوتا ہے اُس شخص میں
منانے سے پہلے، منانے کے بعد

محبت کی قاطع ہے قربت شعورؔ
اُسے کھو دیا ہم نے پانے کے بعد

روز کرتا ہے دل دُعا اُس سے
آزمائے کو آزماتا ہے

آئیں تو آئیں ہم، نہیں تو نہیں
وہ ہمیں اِس طرح بُلاتا ہے

تم خود آتے ہو ئے کدے میں شعورؔ
یا کوئی اَور کھینچ لاتا ہے؟

نہ ہو آس پوری تو کُڑھتا ہے دل
لٰہذا ہم اچّھے ہیں بے آس ہی

اسدؔ کو تو قدرت نے غالبؔ کیا
یگانہؔ کو رہنے دیا یاسؔ ہی

ملاقات کی تم سے جب بھی شعورؔ
ہُوا وقت کا ستّیاناس ہی

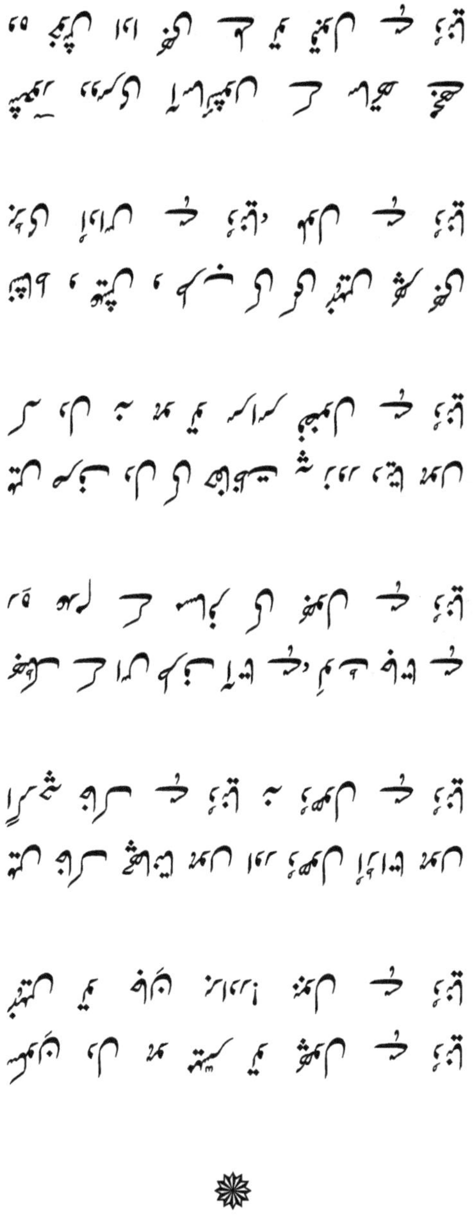

❁

انسان زیرِ سایۂ رحمت کہاں رہے
دیہات اور شہر سلامت کہاں رہے

ہم دن کی روشنی میں بھی رکھتے ہیں رات سی
ورنہ تمھاری چاند سی صورت کہاں رہے

پیہم بدلتی رہتی ہے تصویرِ زندگی
یہ سلسلہ نہ ہو تو روایت کہاں رہے

ہم آپ کی خدائی میں سچ بولنے لگیں
تو ہونٹ کھولنے کی اجازت کہاں رہے

لاغر اگر ہو کوئی تمھاری طرح شعورؔ
مرنے کی بھی غریب میں طاقت کہاں رہے

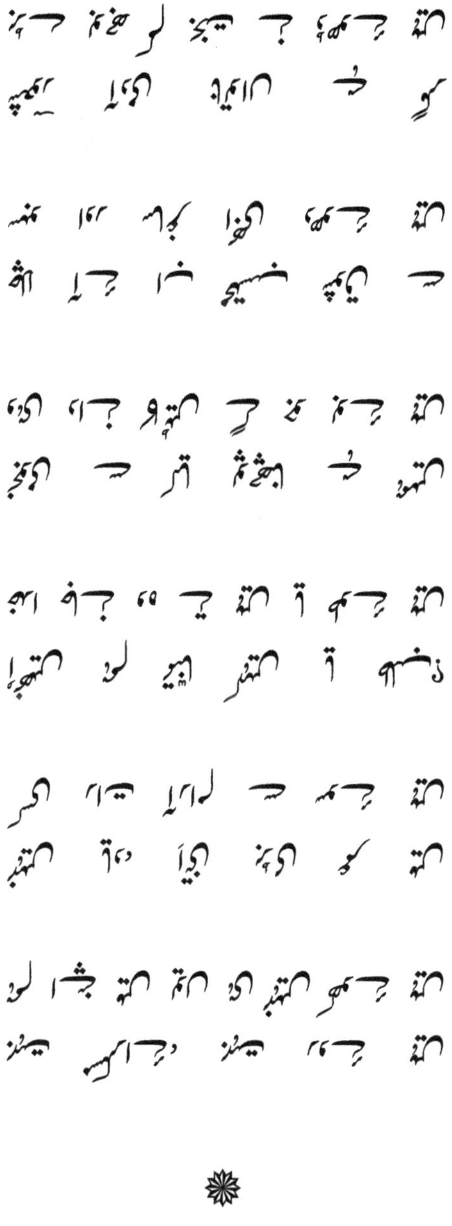

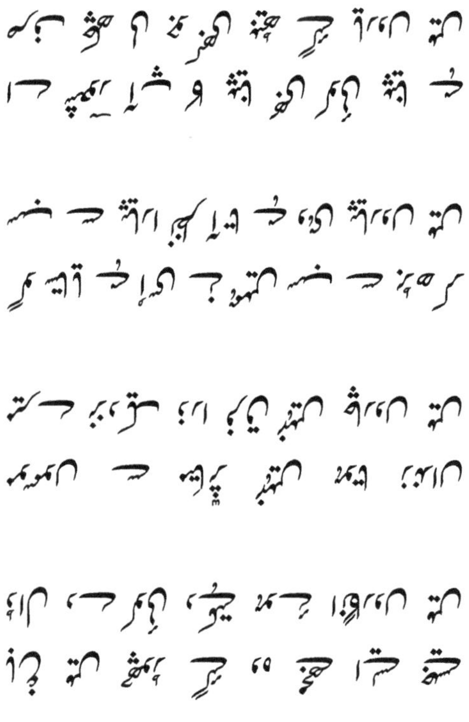

هم تاثّرات اپنے کھولتے بہت کم ہیں
سوچتے بہت کچھ ہیں، بولتے بہت کم ہیں

دوسروں کی نظروں میں آنسوؤں کی کیا قیمت
جوہری بھی یہ موتی رولتے بہت کم ہیں

رنگِ مَے پکڑتا ہے خود گلاس میں پانی
ہم انڈیل لیتے ہیں، گھولتے بہت کم ہیں

درگزر کے قابل ہے دوستوں کا ہلکا پن
دیکھتے برابر ہیں، تولتے بہت کم ہیں

اے شعورؔ محفل میں اہلِ ظرف کو ہم نے
ڈوبتے تو دیکھا ہے، ڈولتے بہت کم ہیں

اِتنا بھی صبروشکر کا قائل نہیں کہ دل
ہر کیفیت میں آپ کے گُن گائے جائے گا

آتا ہے رحم ناصحِ مشفق کے حال پر
بیچارہ عمر بھر ہمیں سمجھائے جائے گا

نظریں ہٹا ہٹا کے نہ کیوں گفتگو کریں
ہم دیکھے جائیں گے تو وہ شرمائے جائے گا

تھوڑی شعورؔ اور چڑھا لے تو ہر طرف
ساغر نچائے جائے گا، چھلکائے جائے گا

ہم کوئی تنہا نہیں پردیس میں
تم یہاں بھی ہو وہاں کے ساتھ ساتھ

منکشف کی سامنے کی بات بھی
ہم نے اسرارِ نہاں کے ساتھ ساتھ

شام اپنی تھی نہ شب اپنی شعورؔ
وقت گزرا میزباں کے ساتھ ساتھ

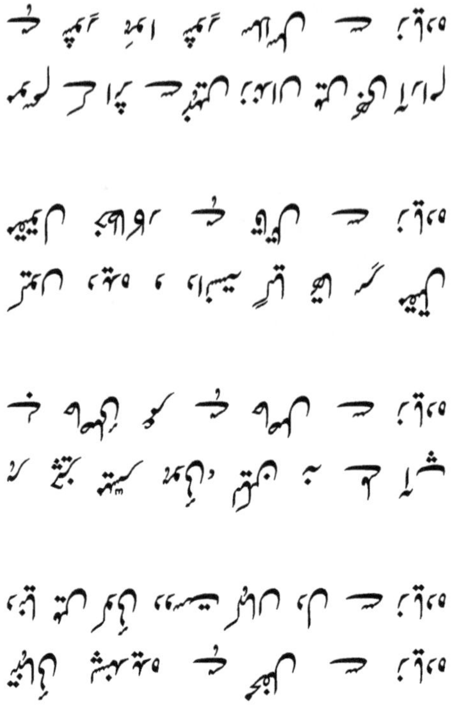

ہوتا نہیں اندازہ اداؤں سے تمھاری
رہتے ہو گریزاں سے کہ مائل سے زیادہ

معلوم کہاں تھا یہ ملاقات سے پہلے
وہ شخص تو آسان ہے مشکل سے زیادہ

یہ راہ مناسب ہے کہ وہ راہ مناسب؟
پروائے سفر ہے ہمیں منزل سے زیادہ

مانا کہ بڑے عالم و فاضل ہیں شعورؔ آپ
آگاہ نہیں عام مسائل سے زیادہ

❁

وہ آئیں تو یہ لوازم اُٹھا کے رکھ دینا
ہمارے سامنے کچھ اور لا کے رکھ دینا

جنابِ شیخ کی تشریف آوری سے قبل
پیالہ اور صراحی چھپا کے رکھ دینا

تمھارے بعد ذرا دل نہیں لگا گھر میں
بکھر گئی ہیں جو چیزیں وہ آ کے رکھ دینا

نہیں لگائیں گے چسکی بھی شام سے پہلے
مگر شراب دکھا دو، دکھا کے رکھ دینا

مذاکرے میں ہماری نشست رکھنی ہو
تو آس پاس کسی دلرُبا کے رکھ دینا

شعورؔ بعد میں ہوتی رہے گی آرائش
ابھی نقوش بنا لو، بنا کے رکھ دینا

یہ خاک یہ افلاک، مرا گھر ہے یہی کچھ
تکیہ ہے اِسی پر کہ میسّر ہے یہی کچھ

رہ رہ کے زمیں دیکھتے رہتے ہیں فلک سے
اُفتادِ مزاجِ مہ و اختر ہے یہی کچھ

پیمانہ تو بھرتا ہے، طبیعت نہیں بھرتی
انسان کا دُنیا میں مقدّر ہے یہی کچھ

بیگانہ گزرتے چلے جاتے ہیں نظر سے
میلانِ غزالانِ ستم گر ہے یہی کچھ

تصویر بنا کر ہے مصوّر کو بڑا ناز
جیسے کہ تمھارا رُخِ انور ہے یہی کچھ

"اِک جام دمِ صبح تو اِک جام سرِ شام"
ناچیز کا روزینہ مقرّر ہے یہی کچھ

سچ سن کے شعورؔ آپ کو تکلیف تو ہوگی
کہنے کو مرے پاس برادر، ہے یہی کچھ

قدم اُٹھائے اگر آدمی بھلائی میں
کوئی بُرائی نہیں ہے کسی بُرائی میں

ہم ایک بُت کے پرستار ہیں مگر افسوس
وہ ایک بُت بھی ہمارا نہیں خدائی میں

وہ ہم سے دُور، بہت دُور ہوگئے ہیں آج
قریب تھے جو مہ و سالِ آشنائی میں

ہمیں دکھائی دیے تھے وہ دوستوں کے ساتھ
کسی کتاب کی تقریبِ رُونمائی میں

مستقل اُن کی طرف سے نہ بہانہ ہوتا
وہ ابھی آ گئے ہوتے اگر آنا ہوتا

دل کوئی حجرۂ تاریک نظر آتا ہے
آپ ہوتے تو یہی آئینہ خانہ ہوتا

ہم سے ناداری و غربت نہیں دیکھی جاتی
کاش معلوم ہمیں کوئی خزانہ ہوتا

ہم بھی لکھتے کوئی دلچسپ سیاحت نامہ
کوئی ہمراہ اگر شانہ بہ شانہ ہوتا

ڈھونڈ لیتے کوئی ساتھی تو شعورؔ آج تمھیں
رنج تنہائی کا تنہا نہ اُٹھانا ہوتا

جو ہم کلام ہو ہم سے، اُسی کے ہوتے ہیں
ہم ایک وقت میں ایک آدمی کے ہوتے ہیں

کوئی جہاں میں خوشی سے گزارنا چاہے
تو بے شمار بہانے خوشی کے ہوتے ہیں

جمالیات کے پرچے میں آٹھ نَو نمبر
فقط شگفتگی و دلکشی کے ہوتے ہیں

کسی کے ساتھ بھی بیٹھے ہوئے دکھائی دیں
تصوّرات میں ہم آپ ہی کے ہوتے ہیں

شعورؔ! صرف ارادے سے کچھ نہیں ہوتا
عمل ہے شرط، ارادے سبھی کے ہوتے ہیں

سر بچائے رہا صبر کا سائباں
آسماں سے تو برسات ہوتی رہی

گو محبت سے ہم جی چراتے رہے
زندگی بھر یہ بد ذات ہوتی رہی

شہر بھر میں پھرایا گیا قیس کو
کُوچے کُوچے مدارات ہوتی رہی

جاگتے اور سوتے رہے ہم شعورؔ
دن نکلتا رہا، رات ہوتی رہی

بے رُخی اپنے صنم سے نہیں ہوتی ہم سے
یہ خطا رَب کے کرم سے نہیں ہوتی ہم سے

مسکراتی ہوئی نظروں کا اثر ہو کہ نہ ہو
التجا دیدۂ نم سے نہیں ہوتی ہم سے

ہم مسرّت سے تو یہ شغل بہت کرتے ہیں
بادہ نوشی کسی غم سے نہیں ہوتی ہم سے

کھینچتی ہے ہمیں دُنیا ترے خوابوں سے مگر
ہجرت اِس باغِ ارم سے نہیں ہوتی ہم سے

آزماتے ہیں وہ اندازِ دگر سے بھی ہمیں
دل لگی صرف ستم سے نہیں ہوتی ہم سے

سختیاں جھیل کے جینے کا مزہ ہے کچھ اور
زندگی ناز و نعم سے نہیں ہوتی ہم سے

کوئی تدبیر کہ ہم رنج و الم سے نکلیں
شدّتِ رنج و الم سے نہیں ہوتی ہم سے

رات ہم صرف زیادہ سے ہوئے تھے بے حال
ایسی لغزش کبھی کم سے نہیں ہوتی ہم سے

اے شعورؔ آپ کی ہر بات کی تائید کریں
کیوں توقّع ہے یہ ہم سے، نہیں ہوتی ہم سے

آج خالی گلاس ہے میرا
اِس لیے دل اُداس ہے میرا

فائدہ کیا حرام نوشی سے
جب مقدّر ہی پیاس ہے میرا

آئینہ دیکھ کر ہوا احساس
غم گسار ایک پاس ہے میرا

جان لیتا ہے بے کہے سب کچھ
وہ قیافہ شناس ہے میرا

جو کہوں میں وہ سُن لیا کیجے
ایک ہی التماس ہے میرا

کچھ نہیں وہ بجز قیاس شعورؔ
اور یہ بھی قیاس ہے میرا

اب کسی کام کو دل نہیں چاہتا
اور آرام کو دل نہیں چاہتا

دل نہیں چاہتا صبح کی سیر کو
محفلِ شام کو دل نہیں چاہتا

اے خدا! ایسی بینائی کس کام کی
دیدِ اصنام کو دل نہیں چاہتا

چیخ پر آدمی کا نہیں اختیار
ورنہ کہرام کو دل نہیں چاہتا

کوئی آتا بھی ہے محض پیغام سے
محض پیغام کو دل نہیں چاہتا

کیسا پیغمبری وقت ہے اے شعورؔ
کشف و الہام کو دل نہیں چاہتا

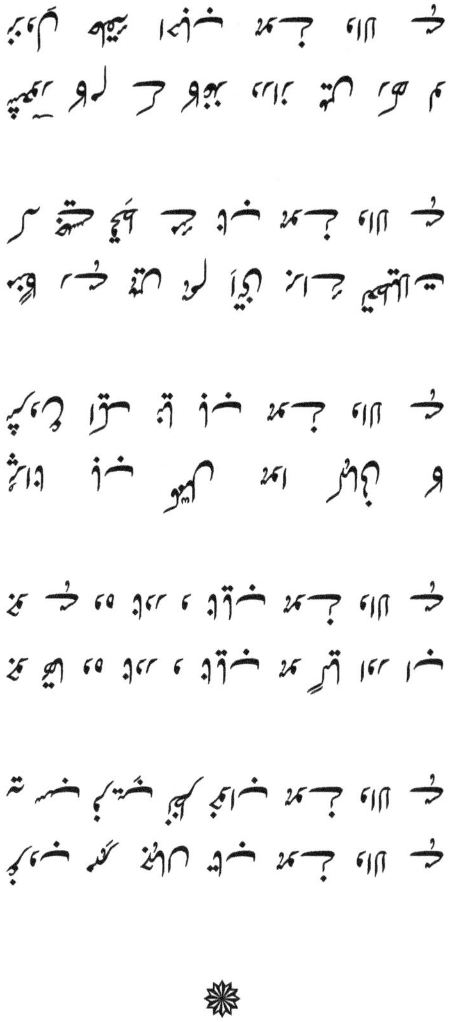

کچھ رات ڈھلے گی تو خمار آنے لگے گا
اوسان میں یہ بادہ گسار آنے لگے گا

تم آنے لگو گے تو کسی کام ہمارے
یہ سلسلۂ لیل و نہار آنے لگے گا

اِس خوف سے کیا گھر میں اُجالا نہ کرے کوئی
دروازہ کھلے گا تو غبار آنے لگے گا

آتا ہے تو آتا ہے قرار اُن کی جلو میں
وہ آنے لگیں گے تو قرار آنے لگے گا

اب گھر کے در وبام اُسی روز سجیں گے
جب لَوٹ کے رُوٹھا ہوا یار آنے لگے گا

آئینہ ذرا غور سے دیکھو گے تو مجھ پر
غصّے کے بجائے تمھیں پیار آنے لگے گا

کچھ دیر شعورؔ اور گنو داغ جگر کے
قابو میں ستاروں کا شمار آنے لگے گا

بُرا بُرے کے علاوہ بھلا بھی ہوتا ہے
ہر آدمی میں کوئی دوسرا بھی ہوتا ہے

تم اپنے دیس کی سوغات ہو ہمارے لیے
کہ حُسن تحفۂ آب و ہَوا بھی ہوتا ہے

مقابلے پہ کمر بستہ ہم نہیں ہوتے
اگر شکست کا خطرہ ذرا بھی ہوتا ہے

تمھارے شہر میں ہے جی لگا ہوا ورنہ
مسافروں کے لیے راستہ بھی ہوتا ہے

وہ چہرہ ایک تصوّر بھی ہے، حقیقت بھی
دریچہ بند بھی ہوتا ہے، وا بھی ہوتا ہے

ہم اے شعورؔ اکیلے کبھی نہیں ہوتے
ہمارے ساتھ ہمارا خدا بھی ہوتا ہے

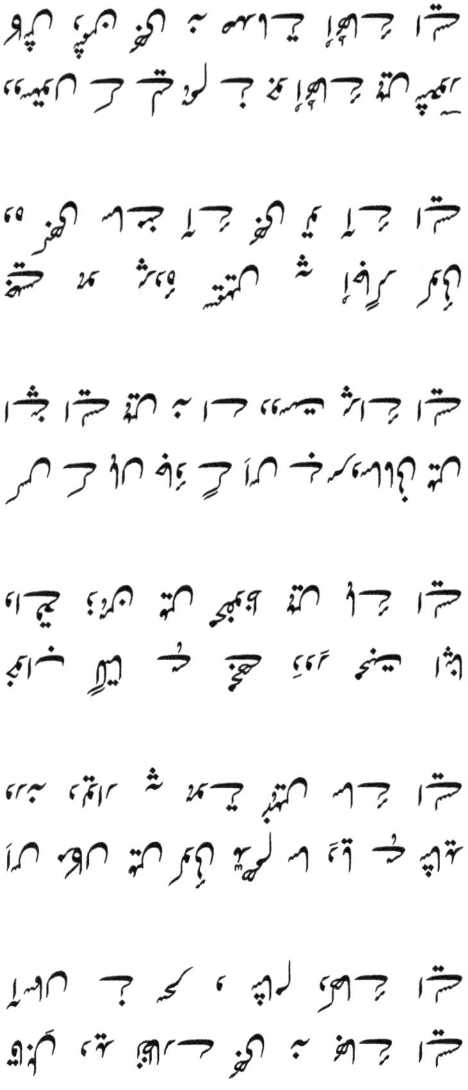

گیا چھوڑ کر ہم صفیر ایک ایک
رِہا ہو چکا ہے اسیر ایک ایک

مرے سر کی قیمت مقرّر ہوئی
تو بِک جائے گا بے ضمیر ایک ایک

گزرنے لگی جب سواری تری
کھڑا ہو گیا راہ گیر ایک ایک

رقیب اور ہم اُس کے انصاف کی
لیے آرہے ہیں نظیر ایک ایک

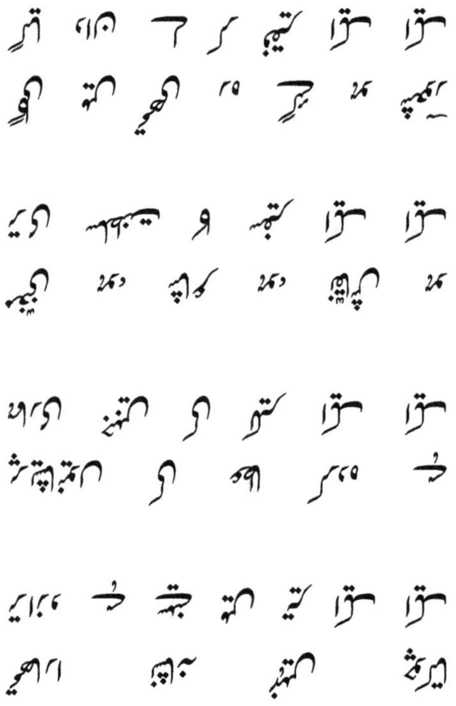

ہو گیا جب یہ ٹھکانا دوسرا
کیا بسائیں آشیانہ دوسرا

ہیں قفس میں ہم نشیمن میں نہیں
بُلبلو! اب گیت گانا دوسرا

کر دیا کام ایک ہی نے، شکر ہے
ورنہ پڑتا تازیانہ دوسرا

بے سروساماں ہیں، بے مایہ نہیں
ہے فقیروں کا خزانہ دوسرا

جو بناتا تھا ہمارے ڈھب کے لوگ
تھا وہ کوئی کارخانہ دوسرا

پہلے خط میں رہ گئی تھی ایک بات
کر دیا ہم نے روانہ دوسرا

دل نہ آئے راہ پر سیدھی طرح
تو طریقہ آزمانا دوسرا

بالمشافہ مل کے حیرانی ہوئی
تھا تعارف غائبانہ دوسرا

دیکھتے ہو دوسرے کی اور تم
اَور بنتا ہے نشانہ دوسرا

ترکِ مے کے بعد جینے کے لیے
چاہیے کوئی بہانہ دوسرا

وضع داری تا بہ کے انور شعورؔ
ہے میاں جی یہ زمانہ دوسرا

شربتِ دید سے سرشار ہیں وہ بھی ہم بھی
سوئے سوئے ہوئے بیدار ہیں وہ بھی ہم بھی

سَبقت اُن کی طبیعت نہ ہماری عادت
پیار کی راہ کی دیوار ہیں وہ بھی ہم بھی

چاہنے والوں کو ملنے نہیں دیتی دُنیا
گو ملاقات پہ تیّار ہیں وہ بھی ہم بھی

اگلے وقتوں کے ہیں جو لوگ اُنھیں کچھ نہ کہو
اِس نئے دور کے معمار ہیں وہ بھی ہم بھی

کیا رقیبوں کو رقابت کی نظر سے دیکھیں
کشتۂ دیدۂ دلدار ہیں وہ بھی ہم بھی

وہ ہمارے ہیں شعورؔ اور ہم اُن کے ورنہ
اپنے اپنے لیے بیکار ہیں وہ بھی ہم بھی

وہ مدّتوں میں دکھاتے ہیں مُنہ کہیں اب تو
کبھی کبھی کی ملاقات بھی نہیں اب تو

اگرچہ دُور ہے آبِ حیات کا چشمہ
تمام ہوگا ہمارا سفر وہیں اب تو

قفس میں آکے ہم آرام کرتے تھے پہلے
طرح طرح کی تکالیف ہی سہیں اب تو

کوئی تمھاری گلی چھوڑ کر کہاں جائے
گزارنی ہے ہمیں زندگی یہیں اب تو

بھلا شعورؔ کسے رفتگاں کی یاد آئے
نشانیاں بھی سلامت کہاں رہیں اب تو

حقیقت میں مسلسل کوشش و محنت سے ملتی ہے
مگر جو چیز بھی ملتی ہے وہ قسمت سے ملتی ہے

ہم آجاتے ہیں بازاروں سے تھک کر سبزہ زاروں میں
بڑی آسودگی نظّارۂ فطرت سے ملتی ہے

زمین و آسماں کی بادشاہت سے نہیں ملتی
وہ سلطانی جو اپنے آپ پر قدرت سے ملتی ہے

اُسے ہم دیکھتے ہیں تو خیال آتا ہے رہ رہ کر
کہ یہ صورت کسی دیکھی ہوئی صورت سے ملتی ہے

ادا کرتے ہیں ہم جی جان سے پینے کا حق اُس دن
مئے دو آتشہ جس دن ہمیں فرصت سے ملتی ہے

شعورِ آسائشوں کے واسطے تم نے کِیا کیا ہے
بہت ہے، دال روٹی بھی اگر عزّت سے ملتی ہے

کوئی بدل نہیں جن کا، بُلا لیے کیا لوگ
فلک نے آہ زمیں سے اُٹھا لیے کیا لوگ

طیور آج بھی رو اور گا رہے ہیں مگر
چمن میں رو لیے کیا لوگ، گا لیے کیا لوگ

نہیں یہ دورِ محبت مگر ہمیں دیکھو
کھڑے ہیں پرچمِ مہر و وفا لیے کیا لوگ

ہم اپنے آپ سے اوپر نہ اُٹھ سکے ورنہ
نہ پوچھیے کہ رہے ہیں مثالیے کیا لوگ

ہمارے ساتھ عدو بھی شریکِ محفل ہے
یہ میزبان نے لاکر بٹھا لیے کیا لوگ

شعورؔ! وقتِ سحر تو خدا کو یاد کرو
تمام ہوگئی کیا رات؟ جا لیے کیا لوگ؟

سفر اور آرام کرتے رہے
سحر، دوپہر، شام کرتے رہے

غزل در غزل در غزل در غزل
رقم ایک پیغام کرتے رہے

تعاقب خُمستاں خُمستاں مِرا
غم و رنج و آلام کرتے رہے

مرے ساتھ ساتھ آپ کا انتظار
ستون و در وبام کرتے رہے

دل اپنے خیالوں میں ڈوبا رہا
بَلا نوش کہرام کرتے رہے

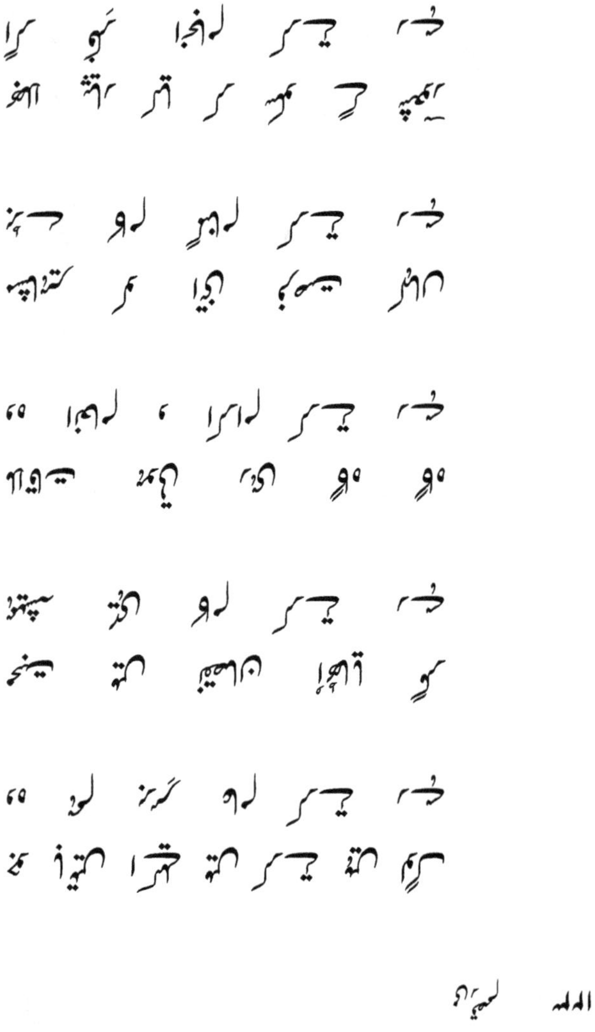

دن دیکھ لیے ہر ابتلا کے
ہم شکر گزار ہیں خدا کے

آنکھوں پہ حقیقت و صداقت
کھلتی ہے بڑے فریب کھا کے

مشغول ہے دل مصوّری میں
بن اور بگڑ رہے ہیں خاکے

دُنیائے تصوّرات میں بھی
پیش آتے ہیں واقعے بَلا کے

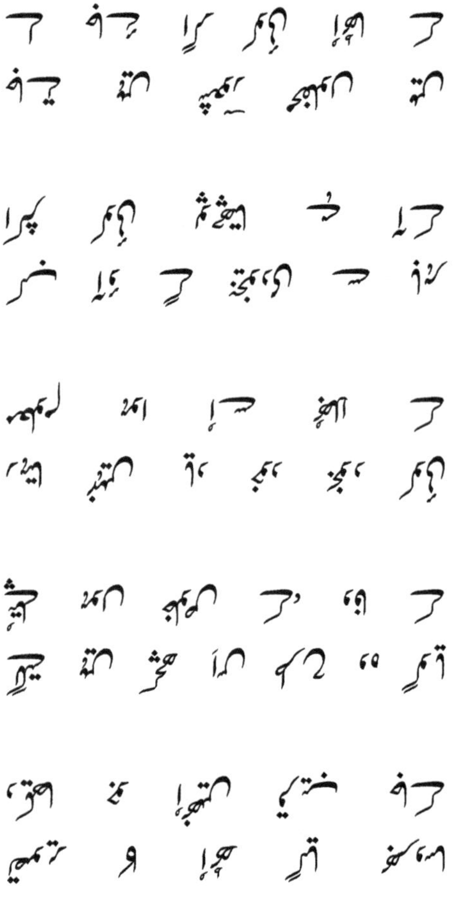

خواب بھی وصل، واقعہ بھی ہے
جو نہیں بھی ہُوا، ہُوا بھی ہے

عشق میں خودکُشی نہیں جائز
گو مرض کی یہی دوا بھی ہے

اُف نہ کی ہم نے جان جانے تک
صبر کی کوئی انتہا بھی ہے

جیسا اندھیر ہو رہا ہے آج
کبھی دیکھا بھی ہے، سنا بھی ہے

ناصحِ محترم کے پاس بھلا
کوئی معقول مشورہ بھی ہے

شیخ جی خلد میں اکیلے ہیں
یہ جزا ہی نہیں، سزا بھی ہے

ہے عجب حُسنِ اتّفاق کہ وہ
خوبرو بھی ہے، با وفا بھی ہے

ذمّے داری بھی ہے عبادتِ عشق
اور دلچسپ مشغلہ بھی ہے

زندگی نے نہیں دیا سُکھ چَین
گو بہت کچھ ہمیں دیا بھی ہے

جانتے سب ہیں اے شعورؔ مگر
آپ کو کوئی پوچھتا بھی ہے

کِیا نہ وعدہ وفا اعتبار کروا کے
ہمیں وہ بھول گئے انتظار کروا کے

سحر فراق میں بھی روز آتی ہے لیکن
تمام رات ستارے شمار کروا کے

کسی کو آدمی اپنا بنا نہیں سکتا
فقط زبان سے قول و قرار کروا کے

فضول شے نہیں یہ زندگی کہ رکھ دی جائے
اسیرِ گردشِ لیل و نہار کروا کے

تری حدوں سے نکلنے کی تھی یہی صورت
ہم اپنے آپ کو لائے فرار کروا کے

خدا نے صبرو رضا تک ہمیں پہنچوایا
بڑے شدید مقامات پار کروا کے

نہ صرف جیب کے پیسے اُٹھے تواضع پر
جنابِ شیخ گئے کچھ اُدھار کروا کے

برادرانِ وطن گنگ تھے بچھڑتے وقت
بُلا رہے ہیں غریب الدّیار کروا کے

اگر شعورؔ نے چھوڑی نہ باغیانہ روش
یہ ایک دن اُسے چھوڑے گی دار کروا کے

زمین و آسماں ہوتے ہوئے بھی
میں بے گھر ہوں مکاں ہوتے ہوئے بھی

محبت کی کہانی دل نشیں ہے
دُکھوں کی داستاں ہوتے ہوئے بھی

ہمیں معلوم ہے، تیری زباں پر
نہیں ہوتی ہے ہاں ہوتے ہوئے بھی

ہزاروں خوبیاں ہیں آدمی میں
ہزاروں خامیاں ہوتے ہوئے بھی

نہ جانے وہ کہاں ہوتے ہیں اکثر
نہیں ہوتے یہاں ہوتے ہوئے بھی

ہمیں بے سائباں رہنا پڑا ہے
قفس اور آشیاں ہوتے ہوئے بھی

خیالات ایک ہیں انسانیت کے
بہت سی بولیاں ہوتے ہوئے بھی

وہ مل جائے ہمیں کونین دے کر
تو ارزاں ہے گراں ہوتے ہوئے بھی

بڑی دشواریاں ہیں زندگی میں
بڑی آسانیاں ہوتے ہوئے بھی

غلط اُردو نہیں لکھتا عموماً
شعور اہلِ زباں ہوتے ہوئے بھی

جانے سرور و کیف میں کیا ہم سے ہو گیا
ساقی سا مہربان خفا ہم سے ہوگیا

رات اتنی ناگوار لگی محتسب کی بات
اقدام انتہائی بڑا ہم سے ہو گیا

ہم اپنے گردش و پیش سے بیگانہ ہوگئے
وہ شخص کیا قریب ذرا ہم سے ہو گیا

سورج ہوا غروب تو ایسا لگا ہمیں
جیسے کوئی عزیز جدا ہم سے ہوگیا

ہم بھی مزے کریں گے تمھاری طرح شعورؔ
راضی اگر ہمارا خدا ہم سے ہو گیا

یاد آئے گی بہت خُلد میں خاکی دُنیا
اہلِ ظلم، اہلِ ستم، اہلِ جفا کی دُنیا

کوئی تعمیر ہمیشہ نہیں رہتی باقی
آہ یہ ریت کی دنیا، یہ ہَوا کی دُنیا

لاکھ بچتا ہے دلِ سادہ و معصوم، مگر
حیلہ جُو اور فریبی ہے بَلا کی دُنیا

دہر کی لہر بناتی ہے، فنا کرتی ہے
ہم غریبوں نے بنائی نہ فنا کی دُنیا

اے خدا! میری سمجھ میں نہیں آتا بالکل
ہے کس اُمیّد پہ قائم غُرَبا کی دُنیا

موت کے بعد سہی، قدر تو کرتی ہے شعورؔ
چیدہ چیدہ شعرا اور اُدَبا کی دُنیا

❋

وہ مری طرح سینہ چاک نہیں
پُرتکلّف ہے، پُرتپاک نہیں

دل کا قصّہ بہت رُلاتا ہے
کون سا باب دردناک نہیں

ہے دماغ آسمان پر میرا
گو مری دسترس میں خاک نہیں

آرہے ہیں اِدھر اُدھر کے خیال
آج پینے میں انہماک نہیں

نیم ممنونیت کا عالم ہے
اُس نے زخمی کیا، ہلاک نہیں

اِس میں شامل نہیں لفافۂ دوست
ڈاکیے! یہ ہماری ڈاک نہیں

آپ کیا ہیں شعورؔ، کوئی بھی
بشری خامیوں سے پاک نہیں

تمھاری زلفِ گرہ گیر کھولنا مشکل
پھنسا ہوا ہے کہاں دل، ٹٹولنا مشکل

لگائے کیا کوئی اشکوں کے موتیوں کا مول
کہ ہے یہ مال ترازو میں تولنا مشکل

اگرچہ رہتی ہے دن رات گفتگو اُن سے
وہ سامنے چلے آئیں تو بولنا مشکل

کرو نہ ظرف میں رہنے کی اس قدر تاکید
کہ رند کے لیے ہو جائے ڈولنا مشکل

اُنڈیلتے ہو پیالے میں کیوں شعورؔ اتنی
کہ ہو اِس آگ میں پانی بھی گھولنا مشکل

کیا بے مروّتی کا شکوہ گلہ کسی سے
خود ہم نے کب وفا کی اپنے سِوا کسی سے

اس ہاتھ سے وصولی، اس ہاتھ سے ادائی
پہنچا دیا کسی کو جو کچھ ملا کسی سے

معلوم ہے ہمیں ہم، کتنے پڑھے لکھے ہیں
یہ سُن لیا کسی سے، وہ سُن لیا کسی سے

اُس دور میں کہاں یہ آزادئ عمل تھی
چوری چھپے ہمارا تھا سلسلہ کسی سے

سب ایک دوسرے کی ہر بات جانتے ہیں
مخفی نہیں کسی کا اچّھا بُرا کسی سے

تم ہی خلوصِ دل سے آجاتے ہو شعورؔ اب
ملتا ہے کون ورنہ بے فائدہ کسی سے

نہیں خستہ حالی پہ نامطمئن ہم
یہی ٹاٹ مخمل، یہی ٹاٹ ریشم

کسی حال میں بھی رکھے رکھنے والا
بھلا دہر میں کیا خوشی اور کیا غم

نہیں اپنی غائب دماغی پہ حیرت
محبت میں ہوتا ہے اکثر یہ عالم

کوئی شور سا دل میں رہتا ہے برپا
دمادم دمادم دمادم دمادم

رہے تذکرے امن کے، آشتی کے
مگر بستیوں پر برستے رہے بم

کہاں چین سے آج دنیا میں کوئی
یہ جنت بنا دی گئی ہے جہنم

نہ گزرا کبھی ایک لمحہ سکوں سے
محبت میں آئے وہ دن رات پیہم

کبھی کوئی رونا، کبھی کوئی رونا
کبھی ایک ماتم، کبھی ایک ماتم

ہمیں خوف آتا ہے اب دوستی سے
مگر آپ ارشاد کردیں تو سرخم

تجھے غور سے دیکھنا چاہتا ہوں
زمانے کی گردش! ذرا رُک، ذرا تھم

شعورؔ ایک دن پیش ہونا پڑے گا
کہاں تک بچو گے عزیزِ مکرّم

سنبھل سنبھل کے اُٹھاتے ہوئے قدم دونوں
ہر اونچ نیچ سے گزرے ہیں ساتھ ہم دونوں

نہیں رہے وہ مراسم جو تھے مگر اب تک
رکھے ہوئے ہیں شناسائی کا بھرم دونوں

نہ ہو رہا ہے کوئی واقعہ ظہور پزیر
نہ کر رہے ہیں کوئی داستاں رقم دونوں

ہم اُن کے پاس تو وہ ہیں ہمارے پاس مگر
اُٹھا رہے ہیں اکیلے اکیلے غم دونوں

الگ الگ تو کبھی ہم نہیں رہے لیکن
ہوئے دوچار بہ نفسِ نفیس کم دونوں

ہمیں رقیب سے چڑ ہے، رقیب کو ہم سے
کہ تیرے چاہنے والے ہیں اے صنم دونوں

چلے تو آئے ہیں اُس در سے مسکراتے ہوئے
تمام عمر اب آنکھیں رہیں گی نم دونوں

ہماری طرح سرِ عام تھوڑی پیتے ہیں
جنابِ محتسب و شیخِ محترم، دونوں

شعورؔ ہوش اُڑانے میں ایک جیسے ہیں
ہمارا جامِ سفال اور جامِ جم، دونوں

شعورؔ آپ کو کب یقیں آئے گا
نہیں آئے گا وہ نہیں آئے گا

کھنڈر ہو گیا ہے شدائد سے دل
بھلا اِس مکاں میں مکیں آئے گا

زمیں گول کیا اِس لیے ہے کہ وہ
جہاں سے گیا تھا، وہیں آئے گا

جو غائب ہوا تھا جوان و حَسیں
وہ کیا پھر جوان و حَسیں آئے گا

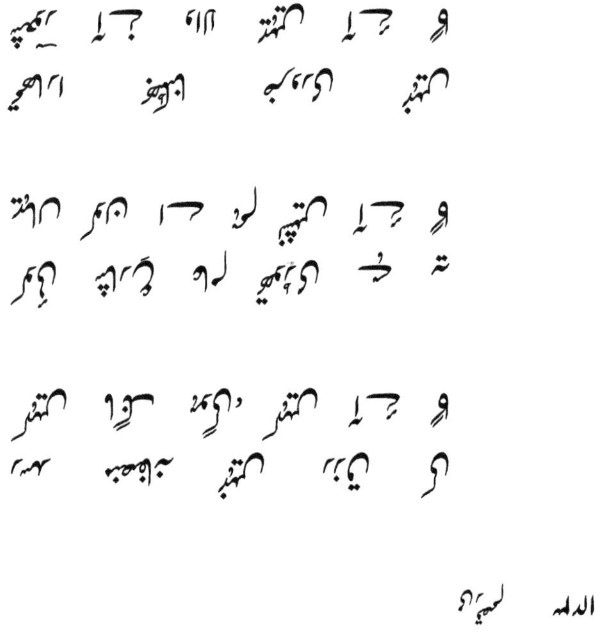

وفاشناس غزالوں میں کوئی کوئی ہے
ہمیں سراہنے والوں میں کوئی کوئی ہے

شریکِ حال بہ نفسِ نفیس کوئی نہیں
تصوّروں میں، خیالوں میں کوئی کوئی ہے

ہر آنکھ سے نہیں، ہر جام سے نہیں پیتے
ہمیں پسند پیالوں میں کوئی کوئی ہے

ہرا بھرا تو بہت ہے شجر تمنّا کا
ثمر غریب کی ڈالوں میں کوئی کوئی ہے

ہزار لوگ ہیں بے گھر مگر ہماری طرح
زمیں کی گود کے پالوں میں کوئی کوئی ہے

شعورؔ اُن کی نظر میں جواب کے قابل
سوال ہے تو سوالوں میں کوئی کوئی ہے

هر طرف رونقیں ہیں، میلے ہیں
اور ہم شہر میں اکیلے ہیں

مَن کا مرہم کہیں نہیں بِکتا
سَو دُکانیں، ہزار ٹھیلے ہیں

زہر کھانے کی بھی نہیں فرصت
وہ بکھیڑے ہیں، وہ جھمیلے ہیں

بعد میں ہوگئے بڑے دونوں
صرف بچپن میں ساتھ کھیلے ہیں

یہ نہیں دیکھتا وہ نکتہ نواز
کس نے پاپڑ زیادہ بیلے ہیں

دشمنوں کے علاوہ ہم نے شعورؔ
دوستوں کے ستم بھی جھیلے ہیں

گزر سکتی ہے شب اکیلے کوئی
ہمیں خواب میں ساتھ لے لے کوئی

سکوں بخش ہیں کیا بھلا ہجر میں
یہ آسائشیں، یہ جھمیلے کوئی

سیاحت کریں ہم تمھارے بغیر
تو بھاتے ہیں دنیا کے میلے کوئی

دلِ سادہ سنجیدہ ہو جائے گا
محبت محبت نہ کھیلے کوئی

سمجھ بوجھ رکھتے ہوں بستی کے لوگ
تو مجنوں کو مارے نہ ڈھیلے کوئی

ادا کرنی پڑتی ہے ایک ایک پائی
نہیں چھوڑتا چار دھیلے کوئی

سُنی اَن سُنی ایک پیغام ہے
کہ چپ چاپ دُکھ درد جھیلے کوئی

بڑھاتے نہیں کیوں قدم اے شعورؔ
بھلا کیا تمھیں اب دھکیلے کوئی

✻

ڈھونڈنا بے سُود ہے اطراف میں
وہ پری رہتی ہے کوہِ قاف میں

قیس تھا، فرہاد تھا، منصور تھا
کیسے کیسے لوگ تھے اسلاف میں

دیکھنے آئے ہیں اپنا عکس ہم
وقت کے آئینۂ شفّاف میں

عیب کرتے ہیں ہنر سے شیخ جی
ہے یہ وصف اُن کے بڑے اوصاف میں

کوئی ہیں صاحب تو کوئی صاحبہ
آدمی تقسیم ہے اصناف میں

لُطف آتا ہے حسینوں کو شعورؔ
میرے مکتوبات کے اتلاف میں

همیں سنائی گئی تھیں کہانیاں کچھ اَور
بتا رہی ہے مگر بے زبانیاں کچھ اَور

جو چاہتے تھے، ہمیں وہ نہیں ہوا حاصل
مگر نصیب ہوئیں کامرانیاں کچھ اَور

یہ غم پسند گریبان چاک کر لے گا
اگر اب آپ نے دیں شادمانیاں کچھ اَور

ہوا نہ ہم پہ کرم مرگِ ناگہانی کا
تو دیکھنی ہیں ابھی ناگہانیاں کچھ اَور

بچھڑتے وقت نہیں دیں نشانیاں اُس نے
کہ بے قرار کریں گی نشانیاں کچھ اَور

شعورؔ عزم و عمل میں اضافہ کرتی ہیں
معاصرین کی ریشہ دوانیاں کچھ اَور

شبیں حَسین تھیں کل اور دن جواں تھے کل
جو آج ہم سے خفا ہیں وہ مہرباں تھے کل

وہ ساعتیں ہمیں اِس طرح یاد ہیں گویا
ہم اپنے چاہنے والوں کے درمیاں تھے کل

اب آنکھ آنکھ میں ہے بے مروّتی کی ریت
یہ آبشار، یہ چشمے رواں دواں تھے کل

نہ وہ مکیں ہیں یہاں اب، نہ وہ مکاں ہیں اب
عجب مکیں تھے یہاں کل، عجب مکاں تھے کل

بَلا سے، گریبان ہے یا نہیں
اُٹھو، جسم میں جان ہے یا نہیں

محبت میں آخر یہ کیا سوچنا
وہ کافر مسلمان ہے یا نہیں

کہاں دل پہ کوئی اثر وقت کا
مسلسل پریشان ہے یا نہیں

بجھانے لگے بتّیاں مغبچے
کسی کو کوئی دھیان ہے یا نہیں

یہ مانا کہ دُنیا میں ہر چیز ہے
مسرّت کا سامان ہے یا نہیں

مشقّت بھی دشوار، آرام بھی
کوئی کام آسان ہے یا نہیں

ابھی تم نے دیکھا ہی کیا ہے شعورؔ
مگر عقل حیران ہے یا نہیں

دو بلائیں آج کل اپنی شریکِ حال ہیں
اک بَلائے دردِ دُنیا، اِک بَلائے دردِ دل

آج کا انسان دُہرا ہے خود اپنے بوجھ سے
کیا سَہے دردِ محبت، کیا اُٹھائے دردِ دل

زندگی میں ہر طرح کے لوگ ملتے ہیں شعورؔ
آشنائے دردِ دل، نا آشنائے دردِ دل

❁

خوشی کیوں نہ حاصل ہو غم کے علاوہ
خدا بھی تو ہے اُس صنم کے علاوہ

ہزاروں مقامات ہیں بندگی کے
کلیسا و دَیر و حرم کے علاوہ

سلیقے سے پی جائے مَے زندگی میں
تو یہ شے دوا بھی ہے، سم کے علاوہ

ہمیں سوانگ لگتے ہیں فقرو غنا بھی
رئیسانہ جاہ و حشم کے علاوہ

زبان و بیاں کے مسائل الگ ہیں
خیالات کے پیچ و خم کے علاوہ

شعورؔ اختلافات کیسے نہ ہوں گے
کہ ہم لوگ مَیں بھی ہیں ہم کے علاوہ

یہ جانتے ہوئے بھی گزاری ہے زندگی
ہم زندگی کے ہیں نہ ہماری ہے زندگی

دریافت ہو رہے ہیں ستارے نئے نئے
شاید یہی ستارہ شماری ہے زندگی

ہم کوئی زندگی کے لیے ناگزیر ہیں؟
یہ بات بھی بہت ہے کہ جاری ہے زندگی

آسائشوں کا نام نہیں زندگی مگر
آسائشیں بہم ہوں تو پیاری ہے زندگی

رُکتی نہیں بڑے سے بڑے انقلاب پر
وقتی تاثّرات سے عاری ہے زندگی

بہتی ہوئی ندی پہ کسے اختیار ہے
میری ہے زندگی نہ تمھاری ہے زندگی

علم و ہُنر کی قدر بھی ہوتی تو ہے شعورؔ
پیسہ نہ ہو تو ذلّت و خواری ہے زندگی

فلم سی رہتی ہے جاری ذہن میں
بن گئی ہے راہداری ذہن میں

جسم سے آزاد رہنے کے لیے
زندگی ہم نے گزاری ذہن میں

ظاہری دُنیا بھی اپنی ہے مگر
اصل دُنیا ہے ہماری ذہن میں

ایک صورت ہے تمھاری سامنے
ایک صورت ہے تمھاری ذہن میں

کیسے کیسے وسوسے اے انتظار
آ رہے ہیں باری باری ذہن میں

اُس کا چہرہ دیکھ کر ہر شخص نے
مختلف تصویر اُتاری ذہن میں

سوچنے کو کچھ نہیں ہے آج کل
ہے بڑی بے روزگاری ذہن میں

ہم تمھیں یوں ہی نہیں کرتے پسند
صورتیں ہیں پیاری پیاری ذہن میں

گو بہت کچھ ہم بُھلا بیٹھے شعورؔ
کام کی باتیں ہیں ساری ذہن میں

ٹپکتے ہیں آنکھوں سے جلتے ہوئے دل
چٹختے ہوئے دل پگھلتے ہوئے دل

بڑی آگ سینوں میں ہے یا الٰہی
نہ آجائیں باہر اُبلتے ہوئے دل

چُنے خواب کی کرچیاں جاگنے پر
کہ تھامے کوئی ہاتھ مَلتے ہوئے دل

کہاں دیکھتا ہے بَھلا رُخ ہَوا کا
ترے شہر کی اور چلتے ہوئے دل

ادب شیخ کا رند کرتے ہیں لیکن
کہاں تک سنبھالیں مچلتے ہوئے دل

ذرا بھی نہیں دے رہا ساتھ میرا
تمھاری گلی سے نکلتے ہوئے دل

شعورؔ اِس قدر ناتواں ہو گیا ہوں
کہ دُکھتا ہے پہلو بدلتے ہوئے دل

مشتاق بدستور زمانہ ہے تمھارا
آنے سے بڑا کھیل نہ آنا ہے تمھارا

لیلیٰ کی حکایت بھی حکایت ہے تمھاری
شیریں کا فسانہ بھی فسانہ ہے تمھارا

اِس دل کی خبر تم سے زیادہ کسے ہوگی
برتاؤ مگر بے خبرانہ ہے تمھارا

تم حُسنِ مجسّم ہو بِلا شرکتِ غیرے
ناقابلِ تقسیم خزانہ ہے تمھارا

دل میں کوئی آجائے تو جاتا نہیں واپس
دشوار یہاں سے کہیں جانا ہے تمھارا

تم سے متاثّر ہیں، نئے ہوں کہ پُرانے
اُسلوب نیا ہے کہ پُرانا ہے تمھارا

کیوں روشنی و رنگ سے معمور نہ ہو دل
سنسان سہی، آئینہ خانہ ہے تمھارا

سمجھایا بُجھایا نہ کرو دل کو شعورؔ اب
کم بخت نے کہنا کبھی مانا ہے تمھارا

رہِ حیات اکیلے نہیں کٹا کرتی
کسی کو ہم سفر و ہم قدم سمجھتے رہے

شراب پیاس بجھاتی نہیں، بڑھاتی ہے
بہت نصیب ہوئی اور کم سمجھتے رہے

کیا نہ اِس کے سِوا کچھ شعورؔ صاحب نے
نہ جانے عشق کو کیا محترم سمجھتے رہے

شریکِ سفر دو ستارے ہوئے
ہم اُن کے ہوئے وہ ہمارے ہوئے

عجب آسمانوں کی سیریں ہوئیں
عجب جنّتوں کے نظارے ہوئے

سوال و جواب اور قول و قرار
عموماً جو ہوتے ہیں سارے ہوئے

برابر برابر ہیں وہ اور ہم
نہ جیتے ہوئے ہیں، نہ ہارے ہوئے

محبت، محبت کی تبلیغ ہے
جو ہم سے ملے وہ تمھارے ہوئے

نہ معلوم کتنا زمانہ ہوا
ہمیں چین سے دن گزارے ہوئے

شعورؔ اِس نئے دور کے لوگ ہیں
ہزاروں مسائل کے مارے ہوئے

اُن سے ہوتی ہے ملاقات جب آتے جاتے
حال کر لیتے ہیں معلوم وہ جاتے جاتے

جا کے باغوں پہ برستے ہیں جو بادل، اے کاش
دشتِ دل میں بھی کوئی پھول کھلاتے جاتے

ہو گئے آہ وہ بے وعدۂ فردا رخصت
جا رہے تھے تو کوئی آس دلاتے جاتے

سبزہ و لالہ و گل آپ کی ہمراہی میں
نظر آتے تو نگاہوں میں سماتے جاتے

بات کرنے کی نہ ہوتی اُنھیں زحمت آکر
دیکھتے جاتے ہمیں اشک بہاتے جاتے

تھے کمربستہ شعورؔ آج بلا نوشی پر
پیتے جاتے وہ اگر لوگ پلاتے جاتے

گھٹا ٹوپ اندھیرا ہے چاروں طرف
بظاہر سویرا ہے چاروں طرف

بجھی شمع بھی طاقِ دل میں نہیں
ابھی ہاتھ پھیرا ہے چاروں طرف

کہاں جائیں ہم اپنی آغوش سے
کہ گھیرے پہ گھیرا ہے چاروں طرف

ہم اپنا پتا کیا بتائیں بھلا
فقیروں کا ڈیرا ہے چاروں طرف

کسی بھی جگہ کاٹ لیتے ہیں رات
یہ گھر، یہ بسیرا ہے چاروں طرف

بہی خواہ، اک دوسرے کے سِوائے
نہ تیرا نہ میرا ہے چاروں طرف

ذرا اپنا کمرا تو دیکھو شعورؔ
یہ کیا کیا بکھیرا ہے چاروں طرف

ایک سے ایک خرد مند کہ ناداں نہ ملا
مَے کدے میں کوئی حیران و پریشاں نہ ملا

جیسے تیسے گزر اوقات تو ہو جاتی ہے
کیا ہوا رزق اگر ہم کو فراواں نہ ملا

کوئے جاناں میں سبھی ایک سے معلوم ہوئے
کوئی کافر نہ ملا، کوئی مسلماں نہ ملا

بادشاہت بھی فقیری سے فروتر نکلی
کوئی اعزاز ہمیں شان کے شایاں نہ ملا

ہیں حوالات میں فٹ پاتھ پہ سونے والے
مل گیا گھر اُنھیں لیکن سروساماں نہ ملا

شہر کے لوگ تمھیں دیکھ کے کہتے ہیں شعورؔ
یہ وہ مجنوں ہے جسے کوئی بیاباں نہ ملا

لگتے ہیں اِس طرح وہ چمن گھومتے ہوئے
جیسے کوئی غزال ختن گھومتے ہوئے

گزری ہے ایک عمر اِس آوارہ گرد کی
یہ بستیاں، یہ باغ، یہ بَن گھومتے ہوئے

دیکھے گئے ہیں دل کے اندھیرے مکان میں
کچھ مَہہ رُخ و ستارہ بدن گھومتے ہوئے

وہ دَور آہ، جب نظر آتے تھے ہر طرف
لوگ اپنی اپنی دُھن میں مگن گھومتے ہوئے

اب تک قدم قدم پہ بھٹکتے ہیں ہم شعورؔ
برسوں ہوئے دیارِ سخن گھومتے ہوئے

طبیعت ہر طرح کی لوگ رکھتے ہیں بُری اچّھی
کسی کے ساتھ دُنیا میں نہیں بیگانگی اچّھی

کوئی صورت نہیں تبدیلیٔ حالات کی تاہم
ستاروں سے اُمیدیں باندھتا ہے آدمی اچّھی

حقیقی زندگی تو خیر کیسی تھی خدا جانے
خیالی زندگی ہم نے بسر کی واقعی اچّھی

چلا جاتا ہے یہ کہتا ہوا انسان دنیا سے
سرائے میں مسافر کی تواضع کی گئی اچّھی

کفایت سے کیا ہے خرچ اپنے آپ کو ہم نے
نہ فیّاضی لگی اچّھی، نہ کنجوسی لگی اچّھی

محبت کا تعلّق ٹوٹنے میں دیر لگتی ہے
ہماری اور اُن کی دوستی برسوں چلی اچّھی

شعورؔ اچّھا نہیں ہوتا زیادہ کی ہَوَس کرنا
جسے جتنی مسرّت ہاتھ آجائے، وہی اچّھی

پچھتاؤ نہیں، لغزشِ پا ہوگئی ہوگی
انسان سے ہوتی ہے خطا، ہوگئی ہوگی

اِس عالمِ فانی سے ہمیں کوئی توقّع
پیدا ہوئی ہوگی تو فنا ہوگئی ہوگی

دانستہ تری یاد سے غافل نہ رہے ہم
بُھولے سے کسی روز قضا ہوگئی ہوگی

ہوتا نہیں دل اَور کسی بات پہ بے تاب
آنے میں اُسے دیر ذرا ہوگئی ہوگی

میں رات گئے نیند سے نکلا تھا اکیلا
ہمراہ مرے بادِ صبا ہوگئی ہوگی

وہ آنکھ اِدھر آئی بھی ہوگی تو نہ جانے
خوش ہوگئی ہوگی کہ خفا ہوگئی ہوگی

دیکھی تھی شعور ایک اُبھرتی ہوئی آفت
اب تک تو نہ معلوم وہ کیا ہوگئی ہوگی

بات کرتے ہیں بھلا وہ کبھی آ کے نزدیک
بیٹھ جائے نہ اگر خود کوئی جا کے نزدیک

دُور سے خوبی و خامی نہیں پرکھی جاتی
اپنی تصویر دکھاؤ ہمیں لا کے نزدیک

بات ہوتی ہے، ملاقات کہاں ہوتی ہے
فاصلہ کم نہیں کرتے وہ بُلا کے نزدیک

کچھ گُل افشانیٔ گفتار کے متوالے ہیں
جو ہمیں روز پلاتے ہیں بٹھا کے نزدیک

کوئی ہوتا ہے وفا سے متاثّر کہ نہیں
غیر اہم بات ہے یہ اہلِ وفا کے نزدیک

لالہ و گُل ہوں کہ خار و خس و خاشاکِ شعور
سب کی اوقات برابر ہے ہَوا کے نزدیک

یہ جعل، یہ فریب، یہ چھل اپنے آپ سے
اے بے عمل! یہ طرزِ عمل اپنے آپ سے

ہر وقت اپنے آپ میں رہنا نہیں درست
کچھ دیر کے لیے تو نکل اپنے آپ سے

اَوروں سے جیتنا بھی کوئی جیتنا ہوا
اِک معرکہ بہ بانگِ دُہل اپنے آپ سے

اب اُس طرف نگاہ نہ جائے گی بھول کر
وعدہ کیا تھا ہم نے اَٹل اپنے آپ سے

انسان کیوں زمین پہ بُت پوجنے لگا
پوچھے خدائے عزَّ وَجل اپنے آپ سے

دل چھوڑ کر گیا ہے کوئی جب سے اے شعورؔ
ناراض ہے یہ رنگ محل اپنے آپ سے

نوازتے ہیں ہمیشہ ہمیں جفاؤں سے
یہی سلوک ہے خوباں کا باوفاؤں سے

زمین تنگ ہوئی اور آب و دانہ اُٹھا
تو لوگ شہر چلے آئے گاؤں گاؤں سے

خدا کی ہے یہ خدائی کہ ناخداؤں کی
کریں خدا سے شکایت کہ ناخداؤں سے

خبر نہیں تھی مرے منصفین کو شاید
کہ یہ کچھ اَور بگڑ جائے گا سزاؤں سے

کسی حَسین کو تخاطب کی کیا ضرورت ہے
زبان سے نہ کہا، کہہ دیا اداؤں سے

ہم انتہائی گنہگار آدمی ہیں مگر
معاملات میں اچّھے ہیں پارساؤں سے

وہ اتّفاق سے نزدیک آئے ہیں لیکن
یہ اتّفاق ہوا ہے بڑی دُعاؤں سے

شکستہ پائی طلب گار ہے توجّہ کی
تمام اجنبیوں اور آشناؤں سے

سکوتِ شہر کا دل پر نہیں اثر کوئی
بھرا ہوا ہے یہ باغیچہ خوش نواؤں سے

تمھاری دید سے تائید ہوگئی اُن کی
مبالغے جو سنے تھے سخن سراؤں سے

ہم انتظار میں بیٹھے ہوئے ہیں چشم براہ
نہ دھوپ سے کوئی مطلب ہمیں نہ چھاؤں سے

مدام پھیلتی رہتی ہے روشنی دل کی
یہ وہ دِیا ہے جو بجھتا نہیں ہَواؤں سے

شعورؔ چھوڑنی پڑتی ہے مَے علالت میں
نہیں تو فائدہ ہوتا نہیں دواؤں سے

یہاں یا وہاں سے نہیں دیکھتے
اُنھیں ہم کہاں سے نہیں دیکھتے

ہم آغاز سے کھولتے ہیں کتاب
کبھی درمیاں سے نہیں دیکھتے

قفس سے نظر آ رہے ہیں وہ سِین
جو لوگ آشیاں سے نہیں دیکھتے

دلِ بے طلب رکھنے والے تمھیں
نہیں اور ہاں سے نہیں دیکھتے

قبا سے نہیں ناپتے قد شعورؔ
مکیں کو مکاں سے نہیں دیکھتے

مشغلے شوق سے اپنائیں سب اپنے اپنے
آنکھیں اپنی ہیں ہر انسان کی، سپنے اپنے

زندگی کاٹنی مشکل تھی محبت کے بغیر
دن گزروائے اِسی ایک تڑپ نے اپنے

پیار کی بیل پنپنا کوئی دشوار ہے کیا
دیں جو یارانِ وفادار پنپنے اپنے

جب سے چھوڑا ہے حسینوں نے رسالے پڑھنا
ہم نے بھیجے نہیں دو شعر بھی چھپنے اپنے

کون چھیڑے گا ترا ذکر سرِ بزم شعورؔ
دوستوں نے تو فقط نام ہیں جپنے اپنے

کس طرح عرض کروں اپنے فسانے پورے
میں نے لمحوں میں گزارے ہیں زمانے پورے

کوئی باقی نہیں دُکھ درد بٹانے والا
ہو گئے چشمِ فلک تیرے نشانے پورے

خود کو بُھولا ہوں مگر چاہنے والوں کو نہیں
یاد ہیں دوست نئے اور پُرانے پورے

گاہ مصروفیتیں، گاہ طبیعت ناساز
جانتے ہیں وہ نہ آنے کے بہانے پورے

کیسے بیگانہ کہوں، کیسے یگانہ سمجھوں
تم نہ بیگانے ہو پورے، نہ یگانے پورے

گو ابھی تشنۂ تعبیر ہیں کچھ خواب شعورؔ
بیشتر خواب کرائے ہیں خدا نے پورے

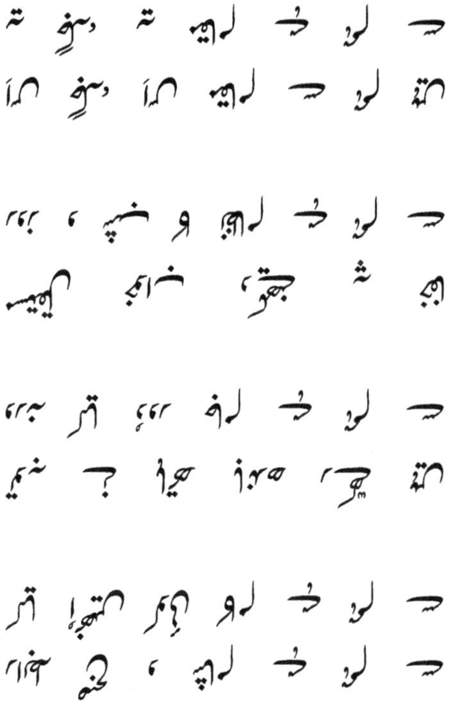

ہم ہیں ہر خاص و عام کے ہمدرد
تنگ ہر خاص و عام ہے ہم سے

اجنبی ہیں تری گلی میں مگر
آشنا گام گام ہے ہم سے

کس کی آواز آرہی ہے شعورؔ
کون یہ ہمکلام ہے ہم سے